我的学术旨趣与经历

梁治平

观与思

我的学术旨趣与经历

当代世界出版社
THE CONTEMPORARY WORLD PRESS

图书在版编目（CIP）数据

观与思：我的学术旨趣与经历 / 梁治平著. -- 北京：当代世界出版社，2020.6
ISBN 978-7-5090-1108-9

Ⅰ.①观… Ⅱ.①梁… Ⅲ.①法律－中国－文集Ⅳ.D920.4-53

中国版本图书馆 CIP 数据核字(2020)第 061677 号

书　　名：观与思 ：我的学术旨趣与经历
出版发行：当代世界出版社
地　　址：北京市东城区地安门东大街 70-9 号
网　　址：http://www.worldpress.org.cn
编务电话：（010）83907528
发行电话：（010）83908410
经　　销：新华书店
印　　刷：北京中科印刷有限公司
开　　本：880 毫米×1230 毫米　　1/32
印　　张：9.5
字　　数：180 千字
版　　次：2020 年 6 月第 1 版
印　　次：2020 年 6 月第 1 次
书　　号：978-7-5090-1108-9
定　　价：59.00 元

自序

这本集子收录的，主要是与我个人学术生平有关的文字，其中，最早在《学术思想评论》（第三辑）刊出的学术自述《在边缘处思考》，虽然写于二十年前，却最完整，也最有代表性，而以“在边缘处思考”来勾画我的学术立场、学问脉络乃至人生轨迹，似乎也最恰切。因此，在考虑本书书名的时候，我第一个想到的便是这个标题。遗憾的是，此前我的另一本文集已经用它做了书名，为避免因为书名重复而给读者造成困扰，我只好另拟书名。尽管如此，在这篇说明题旨的自序里，从“在边缘”这一立场出发加以申说，可能依然是恰当的。

通常，“边缘”是相对于“中心”或者“主流”而言。《在边缘处思考》提到，从中学到大学，从学生到学者，我似乎是一步步走向“中心”，然而与此同时，在学术路向乃至从业机构选择等方面，我却把自己一步步“边缘化”了，讲的主要是这一层。不过，“在边缘”还意味着其他一些东西，比如距离和距离感，疏离意识，观察姿态，审慎态度，以及由此生发的反思意识等。同一篇文章在提到阅读黄仁宇的感受时写道：“我最欣赏的恐怕还是作者那种论列历史的高屋建瓴，驾驭史料的从容不迫，以及，那种既切近历史同时又与之保持距离的学者姿态。”这里，所谓“学者姿态”或“学者风范”，在我那时的理解中，是同“耐心的研究和严肃的思考”“学术的和理性的开放立场”“平心静气的学术的态度”等要素联系在一起的。在当时的语境中，这意味着要从“更具反省意味的立场上去理解和把握传统”“以公平心对历史，对古人，对他者”。倘非如此，则不仅会“妨碍对问题更深入的探讨，还可能使研究者丧失反省的意识和能力”，令有生命力的理论，最后蜕化为意识形态。（以上引文均出自《在边缘处思考》一文）而这一切，都与“距离”有关。

在这里，“保持距离”还意味着要抑制学者作为社会成员的主观冲动，意味着要暂时地悬置研究者本人价值上的好恶。因为，“单凭自己的好恶去裁判历史是危险的和不公正的，那些热衷于影射的历史学者，既失去了对于历史真实的了解，也丧失了学者的品格”。我接着又补充说：“我这样说，并不是反对历史研究中的现代意识，事实上，任何人都不可能不受当下问题和情境的影响。我所反对的，是把学术研究中的这两个维度混淆在一起的做法。”（引文同上）所谓两个维度，简单说就是价值与事实，尽管后者最终也只能以主观方式呈现出来。

这种与“在边缘”相伴的距离感，其含义还可以借一则故事来说明。若干年前，一位朋友转来一篇讲大陆新儒家的文章，文中引述某学者的话，提到一种说法，说某某是文化新儒家，某某是政治新儒家，又某某是经济新儒家，梁某（按指我）则是法治新儒家。这位朋友因此建议我出来讲讲“近年的思想进路，相信很多朋友想知道”。下面是我回信中的相关内容：

> 也谢谢你传来的资讯，让我知道自己原来是新儒家的一分子。类此封号皆好事者为之，兄不必认真。其实，该“有人”提及诸人当中，据我自己看，唯独我最不像新儒家。因为我最少排他性，所谓无党无派，但对于各党各派，均愿作同情之了解。这种立场的“代价”，便是成为各派信息传送的对象，有时也难免被归入不同派别之中。兄自谦只是较理想的读者，仿此，我或许可以把自己算作一个还过得去的倾听者。倾听者也会有自己的立场，但基本上不太极端，也不太强硬。更重要的也许是，他不在“力图解决……问题”的某群人里。当今之世，此种若即若离状态最不易被理解和归类，因此所有显见的标签，均去真实甚远。

倾听是理解的前提，也是达至理解的重要途径，而“不在‘力图解决……问题’”的人群当中，或有助于保持距离，虚心观照，而听得真切。世人（当然也包括专家学者之流）辄谓：事实昭然，胜于雄辩。但最基本的

“事实”却是，人各一心，所见不同。其实，透过有色眼镜看世界，原本出于“自然”，更何况，人们要揭示的“事实”，往往利益攸关，牵动人心。故论者若不能与论说对象保持距离，所见必狭，对与己意不符的“事实”，或难免“充耳不闻”“视若无睹”。而“在边缘”所带来的距离感和反思意识，能让我们尽可能摆脱无形中支配我们的好恶和预设，从而获得更大自由，进而更好地倾听他人，理解他者。而这，不但是在边缘处思考的要义，也是法律文化研究的旨归吧。

梁治平

2018 年 4 月 7 日写于西山忘言庐

目录

目 录

戏拟“主要业务成就”500言*

主要从事法律史及法律社会学等领域之研究，著作八九种，文章数十篇，主编法学类丛书两种，编辑社科类书刊一种，组织学术活动逾百；曾游学欧美，讲学港台，足迹至于海外，略为人知。

以读书为乐，以学术为业，研究涉乎古今，比较及于中西，惟古文不精，西文欠通，学术碍难专精。虽然，每著一书，每撰一文，必苦心孤诣，力求发人所未发。立言不求传世，但求无愧己心，不负读者。

尝追随法儒孟德斯鸠，以文化阐释法律，以法律阐释文化，创为法律之文化解释。自法学出，然素尚史学之视界广博，哲学之分析精微，群学之方法贯通，尤喜人类学之观察细致，反思深刻。治学不拘一格，凡有用之材料，可行之方法，尽皆援用，而少受制于学科界分；重意义世界、俗民生活、自生秩序；运思在史学与哲学之间；惯以解释立场，求理解之可能。

---

* 本文系某次应本部门管理系统专家数据库填报要求而作，时在2011-2012年之间。

学重说理，文尚简约。善倾听，不因人废言，唯公是听，唯理是从。不变于己，无改于人。有所为，有所不为。行事在可为可不为之间。无意于事功，尤不以改造世界为务。入学界数十载，先执教鞭于大学，后专著述于研究院，以发表之文字计，年不过数万言，若以申领课题之数量论，则一无可陈。惟平生所为，率皆无违乎己心，故亦足自满也。

学术简述*

梁治平

十二年前，我曾撰有学术自述一篇，名“在边缘处思考”。此后，我无意再续前缘，撰写类似文字。况且，前文及我个人简历均可于互联网上轻易获得，实无另撰本文之必要。“简述”之作，乃受《艺术科学通讯》编辑部之命为之，因此，本文若有记述重复或简略不周之处，幸请读者见谅。

我1978年考入西南政法学院，念法律本科。毕业当年，考入中国人民大学法律系，为外国法制史专业硕士研究生。毕业后（1985）即留校任教，讲授外国法制史、罗马法、大陆法系等课程。1993年，转入中国艺术研究院中国文化研究所，专事研究至今。

我的研究领域，大体言之，乃是出乎法律而不离法律，其发展，约略可分为三个时期。

1986至1988年间，我在《读书》杂志等处发表十数篇文章，内容主要涉及中国与西方法律传统，其中，最重

* 本文系受《艺术科学通讯》邀约而作，原载于该刊2010年第2期。

要的一篇文字，是1986年在《中国社会科学》杂志刊出的《“法”辨》。我所倡导的法律文化研究，在这篇论文中可见端倪。后来出版的这一时期文章的结集，即以《法辨》（贵州人民出版社，1992；中国政法大学出版社，1996）名之。完成于这一时期的另外两项工作，也与此文有关：思考向当代延伸且更具普及性的工作，是由我主笔撰写的小册子，《新波斯人信札》（贵州人民出版社，1987；中国法制出版社，2001）；对中西法律传统更系统也更学术性的研究，是完成于1988年的《寻求自然秩序中的和谐：中国传统法律文化研究》（上海人民出版社，1991；修订版，中国政法大学出版社，1997）。

此后十年，在个人学术研究之外，我也开始涉足学术组织工作。在前一方面，有两本主要论著。完成于1993年的论文《法律的文化解释》，是对前数年研究（尤其是《寻求自然秩序中的和谐》）的理论化，嗣后编著的文集就以《法律的文化解释》为题出版（三联书店，1994；增订版，1998）。1996年出版的《清代习惯法：社会与国家》（中国政法大学出版社），则是《寻求自然秩序中的和谐》一书所讨论的“民法”问题的继续。关于这一系列研究，我在其他地方有一段总结性的文字，现转录于下：

我不满于现代法律史叙述模式中的普遍主义和科

学主义倾向，拒绝套用流行的历史分期和法律分类去撰写历史，更反对对历史做教条式的裁断。在我看来，人类历史的发展并非只有一种模式，因此，套用任何一种普适性模式都可能造成对历史的严重扭曲和误解。文化概念的引入有助于超越流行的普遍主义。法律是特定社会与文化的一部分；文化具有不同类型，相应地，法律也可以被区分为不同类型，具有不同的精神和性格。

《寻求自然秩序中的和谐：中国传统法律文化研究》一书注重人类社会的早期经验，认为它们对于文化类型的形成有极深刻的影响，因此，它从“三代”而不是先秦入手去追溯中国法律传统的源头。此书的另一个特点是注重并且善于利用固有语词和概念的细微含义，以之为进入历史情境的重要通道。藉着对古、今概念和范畴含义的辨析，我试图揭示中国传统法律的类型特征，而在我看来，这种特征无法在制度和行为的表面看到，而须在它们后面的“根据”中求得。这所谓根据便是意义。

强调“意义”，意味着更多采取“当事人”的立场和视角，因为意义出自行动者本身。然而，最终被表达出来并且被写入历史的“意义”常常是出于局外的观察者。这时，观察者的适当任务便是尽可能地融入历史情境，通过“同情的理解”去了解历史。换言之，理解和解释而非发现规律才是历史家的任务。我对于历史的兴趣，是从对当下问题的思考中发展起来的。如果说我相信历史是有用的，那么历史之用，仍在于理解。因此，我强调研究的反思性。

在几年后的另一部著作《清代习惯法：社会与国家》中，我把讨论的重点从特定文化类型的法律转移到日常生活中的法律上来。在这里，大传统更多地让位于小传统，法律更多被自下而上地来观察和理解，社会经济的内容也大为增加。关注的问题改变了，研究的方法和使用的材料相应也做了调整，但解释性的立场没有变，在历史研究中运用现代概念、范畴时审慎和反思性的态度没有变。这些都明显地区别于法制史研究的主流范式。

对清代习惯法的研究，不但让我更多地关注于小传统，也再次把我的兴趣导向现当代社会。在此背景之下，遂有 1997 年完成的长篇论文《乡土中国的法律与秩序》，并生发了有关当代中国法律与社会的研究计划。

这一时期从事的学术组织工作，主要包括三项内容：（1）主持法律文化研究中心（1995－1998）；（2）主编《宪政译丛》（三联书店，1998）；（3）主编《法律文化研究文丛》（中国政法大学出版社，1996－）。

2000 年至今，又过十年，其间，我参与了更多学术组织工作，并编辑学术书刊多种，其中，自 2004 年开始编辑的社会科学类刊物《洪范评论》（现由三联书店出版）已经出版十二辑，且仍在编辑出版之中。个人著述，主要有《在边缘处思考》（法律出版社，2003；2010）和《法治十年观察》（上海人民出版社，2009）。前书篇幅之半，系对于当代问题的讨论，书末“代跋”，即是前面提到的《在边缘处思考》一文。今日重读此文，虽不至有今日之我已非昨日之我之慨，心境已然不同。当日所言“边缘”，至今不改，或者更甚，然而自今观之，“中心”“边缘”之分，亦属人为。在一个自足的世界里，此类区分并无意义。虽然，那篇自述对于了解作者之前的经历以及当时的心态，仍不乏参考价值。

后一书内容，诚如书名所示，全与当代社会问题有关，这部分研究，仍采文化解释立场，并取多元主义视角。不过，它们并非前述“有关当代法律与社会研究计划”的一部分。相反，研究题目的取舍，多为机缘凑巧。就研究与写作而言，这恐怕就是我现下乃至未来的一种状态了。

最初在《中国社会科学》发表文章，是在 1986 年，如果把那算作步入学术的标志，我的“学术生涯”，已经有二十五年。这些年里，我写书，编书，访学，参与和组织各种学术活动，俨然为学术中人。不过，我渐渐认识到，这些活动并不重要，甚至可有可无。所谓学术，对我来说，并不就是发表、会议和冠以学术之名的各种活动，甚至没有一定之规。学术是一种观察世界、思考问题的方法，而一旦成为思想习惯，学术就是生活方式的一部分。

即令如此，学术也不是生活的全部，更不是生活本身。学术是一种爱好，一种兴趣，它为我带来乐趣。

这样谈学术，也许把学术的概念稀释了，或者把它变得更个人化了。工业化时代的学术，更像是一个行业，有行业的规矩和标准。学术产品，也需要合乎一定的规格。不过我始终认为，如果不是在自由的状态之下，缘兴趣而发，即使是合乎规格的学术产品，多半也是徒具其表，缺少真实价值。我自觉幸运的是，即使是在功利滔滔、天下公器沦为追名逐利之途的今天，仍有一小片净土，让我能够置身潮流之外，从事学术而不失其趣味，从而保有人生的完整。说到底，自由而自在（非流俗所谓自由自在），不只是最适宜于学者的状态，而且是最适宜于人的状态。

二零一零年八月写于冀北榆柳草堂

我的大学

二十多年过去了，到校第一天的情形依然历历如在目前。

10月7日，细雨迷蒙。上午9点左右，列车缓缓驶入重庆站。虽然已在拥挤的车厢里挨过了两个晚上，我却毫无倦意。即将开始的校园生活，就要结识的新同伴，甚至眼前的山城风貌，在在都让一个年轻人兴奋不已。10点多，我随当日到达的新生一道，分乘两辆接站的卡车开赴学校。

路程比我想象得远。公路蜿蜒起伏，路边民居的窗子高高低低，层层相叠，别具情调。转一个弯，刚才还屹立前方的房屋便降到脚下，露出一片片深黑的瓦来。最迷人的是那些铺满青石板的街巷，它们上上下下，弯弯曲曲，不知所终。这景象既陌生，又亲切，像一个旧梦，激起我心中几许温柔的迷茫。

卡车沿嘉陵江溯流而上。我对于江河并不陌生，但是当日的观感却很特别。左面高岸，右面深谷，江水浩荡，烟雾迷茫。此情此景，与卡车上一群胸怀远大、豪情万丈的年轻人当时的心境不是很相配吗？

终于，卡车驶进“烈士墓”旁的一座大门。我们到了。只是，车并没有开到坐落在小山上面的宿舍，而是远远停在小山之下。我们面前是一条泥泞的坡道，路虽够宽，但也够滑，车不能行，只好徒步了。抬眼望去，小山上矗立着一幢巨大的凹形建筑，楼借山势，称得上宏伟壮观，但那些裸露的门窗却掩不住破败之象。那里就是我们将要生活和学习的地方。

初识校园，未免有几分失望。然而这只是开始。很快我就发现，还有比泥泞的道路、简陋的校舍和残破的校园更加令人失望的东西：教材老化，课程无味，师资欠缺，资料匮乏。对一个初入大学渴求新知的青年学子来说，还有什么比这更让人感觉失望的呢？不过，回到二十年前，我们的遭遇与其说是特例，不如说更近于常规。重要的是，在那样一个社会激变的当口，大学具有一种特别的意味。更何况，在有些方面，我的大学与众不同。

同学当中，年长的三十多岁，阅历丰富，年纪小的不过十五六岁，刚出中学校门。这种代际混杂的“奇观”今日已不复得见。当日的情形固然不属正常，但是不同人生经验相激荡每每产生令人意想不到的结果，而那过程本身尤具挑战性。直到今天我仍相信，即便在最好的大学，一个学生从他同伴那里能够学到的应当不比得之于老师的更少。此外，年龄差异和生活经历的纷杂对于学科和学制单一带来的问题多少也是一种平衡和补救。

毫无疑问，在西南政法学院的校史上，“78 级”这个称谓有一种特殊的意味。试想，新生入校即无学长，而且从第一年到第四年总是老大，这种情形岂不是“前无古人”。应该说，这种格局无益于健全的教育，反易养成跋扈之气。有这样一则故事：某日晨，某君口诵英语，徜徉于操场一角。侧有一跑步者，往复不止。某君不胜其扰。厉声止之曰：“呔！我是78级的！”跑步者不甘示弱，对曰：“我也是78级的！”的确，与学弟学妹们相比，78级同学享有诸多特权。他们是头生子，老大哥，集万千宠爱于一身。记得第一年期末考试，老师们把茶水和冷饮送到考场。所幸，78级诸君那时已基本上成熟自立，不至滥用自由。敏感的心灵、旺盛的精力和求真的冲动，因有自由的空间而获得发展，创造出一种独立思考、蓬勃向上的局面。身为78级的一分子，即使不参加学生组织，不参与辩论，不卷入任何一个中心，也一样能够领受和享有那种自由、独立和开放的精神。这种精神来自于那个生机勃勃的开放的时代，也来自于当年师生之间的平等关系，来自于学校对于自己学生的信任与尊重。

说到老师，我眼前便浮现出一些熟悉的面容、声音和姿态。许多年过去了，记忆中的这些影像既没有衰老，也没有褪色。我领受过这些老师的教诲，接受过他（她）们的指导和帮助。实际上，他（她）们传递给我的东西远甚于单纯的知识。他（她）们待人的真诚，对学问的执着，还有他（她）们的责任感和正直的人格，在我的生命中留下痕迹。以后来我自己教书的经验，我知道，在我教过的学生当中，哪怕一个班只有一人数人能因为我而受惠终身，我的努力便没有白费，我的付出便有了回报。我的老师们读到这段文字，应当有一丝欣慰之情吧。

同今天的许多大学相比，我的大学简陋、残破和狭小得不宜称为大学。但那确确实实是我的大学。我这样说，并不只是因为我曾经把一段青春留在了那里，也不简单是因为她一直被人们叫作大学，更不是因为我认为大学只应如此。我的大学之所以无愧于大学之名，是因为她保有一种开放、自由和平等的精神。我曾经在这样一种精神氛围中学习和生活，在其中成长，了解世界，认识自己。

已经有多年没有重访我的大学，平日，若非有人提起，甚至想不到我的大学。然而，她独立而自由的精神早已融入我的生命经验，成为我身心的一部分。我知道，有一天我将重返母校。我也知道，那时我看到的校园，会比当年的现代许多，美丽许多。但愿她那自由独立、开放进取的精神依然如故。

在边缘处思考*

引子

大约十年前，有一家刊物约我写文章，命题作文，“我的治学之道”。我婉言谢绝了，理由是，我的学问尚浅，还不到写这种文章的时候。我猜，我的回答可能被视为托词。其实，我是诚心诚意的。

今年年初，《学术思想评论》约我为《学术经验》这个栏目写稿，我的第一个反应同十年前一样。倒不是说十年来自己一点长进也没有，相反，可能正因为有了那一点点长进，就更不敢去碰这样的题目了。不过，我最终还是答允了这件事情，这固然是因为编辑的诚意和执着使我再难拒绝，同时也是因为我勉强说服了自己：权且把它当作一次自我反省的机会吧。当时我没有想到，我最后会为自己的决定感到后悔。在把所有必须做的事情都做完之后，我发现，我能用在这次“自我反省”上的时间最多不超

* 本文原载于《学术思想评论》第3辑，1998。

过两周，而两周的时间也许刚刚够我把自己以前写过的东西仔细地重读一遍。我对自己最后能写出一篇什么样的东西真的没有把握，我只知道我必须去写。一个人为自己的承诺所累，这种经验在我已经不是第一次，但我希望这是最后一次。

好了，牢骚发过，现在就进入正题。因为时间（也许还有读者）不允许我事无巨细地回顾往事，把那些可记可不记之事一并录入，就像编辑所要求的那样，我决定把重点放在我的几种出版物上面，当然，这绝不会是个人著述串讲或者其他诸如此类的东西。我将尽可能地少谈观点（特别是那些已经发表过的观点），多谈方法（尤其是那些隐藏在观点后面的方法），谈进入学术的路径，谈兴趣转移的缘由，同时，把那些与一个人的成长有关，进而也与一个人的思想发展有关的生活事实尽量压缩。这当然很可惜，但在目前的情况下也只好如此了。

少年经历

按照一种流行的说法，认识一个人要从认识他的时代开始。虽然这已经是老套子，但我还是觉得，把它用在我身上是恰当的。因为在我的生活经验中，时代的影响实在太大。我的性格和禀赋也许是生而有之，但是导致我思想转变、生活改观的人生机遇却主要是时代所提供的。不管怎么说，在过去的二十多年里面，中国社会一直是在剧烈的变动之中，这种变化在每一个人身上都留下了深刻的印记，结果使得这一代人与另一代人的区分，更多的是被社会变迁而不是生理年龄所决定。

我在 19 岁的时候进入大学，那是 1978 年，高考恢复的第二年，也是考大学既新鲜又热烈的时候。我的同学们年龄相差很大，干脆说，他们是两代人，而我在其中的位置，现在回想起来，多少有点微妙。在年龄上，我比较接近于刚刚走出中学校门的那一批人，但我经历了“文化大革命”，经历了“上山下乡”（尽管我去的是工厂而不是农村）。我已经独立，也比较有主见，我交往的朋友都有丰富的社会经历，应该说，我属于他们这一代。然而，实际上我对这两代人都不能完全认同。虽然我把自己归入了更成熟的一代人里，但是部分因为年龄，部分因为过去的经历，我与我的“同代人”之间总是存在一些距离。与他们中间那些阅历丰富而又有点玩世不恭的人相比，我好像更严肃，更认真，也更有理想；但是与其中既严肃认真又不乏理想和热情的人相比，我就显得幼稚无知，而且缺乏投入社会的热情。可能就是因为存在上述情况，在大学四年里面，我一直是处在边缘。所谓边缘，是说我从来都不是校园中惹眼的人物，没有担当过风光的角色，也没有做过什么特别令人难忘的事情；还算勤奋，但不是那种死用功的好学生；喜欢思考，但还不能说有思想；不喜热闹，却也不是落落寡合；讨厌平庸，但也没有锋芒毕露。总之，那几年的生活非常平静。

我对于大学的感情是复杂的。一方面，我认为我们的大学教育是失败的（今天也是如此），对此，我深感失望。但是另一方面，我又必须承认，大学的经历对我来说至关重要，用我自己的话说，大学结束了我生活史上的“洪荒时代”。要说明这一点，需要稍稍回顾一下我在进入大学以前的经历。

从获取知识的方面说，从发蒙到高中毕业，恐怕是个人成长过程中最重要的一段时期。不幸的是，我的这一时期恰好是一个“书荒”的时期，而且，比许多同年人更不幸，我的生长环境即使对一个人的自我教育来说也是相当严酷的。我后来知道，许多人在那个年代里还能够通过各种途径读到不少中外古典名著和其他一些有价值的书籍，这种幸运是我所没有的，尽管当时我对书籍有着不可抑制的渴望。当然，我一直都在读书，除了不止一遍地读那个年代的合法出版物如《艳阳天》《金光大道》之外，还读那些想尽一切办法搜来的不知年代甚至不知名的作品。可惜的是，这里面很少像样的东西。至于学业，我只能说，我有一张高中文凭，只是我在学校的大部分时间，都用在了学工学农宣传毛泽东思想以及同歪风邪气做斗争一类事情上。当然，这并不是我少年生活的全部。我生长在一个军医的家庭，在那个生活水准普遍低下的年代，我的家庭条件可以说是相当优越的，而且，那时军队里聚集了不少人才，我在一茬又一茬的病人中间结交了许多大朋友，这种交往对我的成长有着重要影响。相比之下，学校教育就显得很不够了。由于父母工作调动，我先后上过四所学校，条件也越来越差。我的中学四年是在湖北农村的一个小镇度过。我当时住校，学习和生活条件都相当艰苦，这使我失去很多一个在大城市里生活的孩子可能有的各种学习机会。不过，我从中也学到了不少东西，包括生活与学习上的自主和自立。此外，同今天相比，那个年代几乎没有学业的压力，师长的权威也没有确立，这使我能够过一种比较自然的和较少拘束的生活，同时也保有自己多少有点不羁的性格。现在回想起来，一个少年能拥有这样一些质素是很可宝贵的，只是，当时这些更多地还是潜能，如果没有适当的机会把它们发掘出来，并且引向有益的方向，它们就可能被埋没，或者把人导入歧途也未可知。实际上，那个时候的我，眼界非常地狭隘，也完全没有自己的思想。这种情形可以说一直延续到我上大学。

毫不夸张地说，上大学令我如梦初醒。它突然打开了我的眼界，彻底改变了我的理想。这些，甚至是我决定要考大学时也不曾想到的。自然，这也是一个过程。起初，一些年长同学的言谈令我震动甚至反感，但是逐渐地，我开始适应这一切，我的满是教条的思想受到撞击，进而有了怀疑和自省。这时，幸运的是，我没有被一些同学和朋友多少是玩世不恭的情调所感染，走向高谈阔论的浮躁一路。我性格中的严肃认真把我导向一种比较具有学术性的思考。

谈到学术，应当简单交代一下我入大学时的知识准备情况。

尽管我非常喜欢读书，但是除了没有读过多少真正值得读的书这一点之外，我对于理论完全没有兴趣，更不曾受过何种学术训练。记得有一次，我到病房找我的一个病人朋友，当时他正伏在床边读《路德维希·费尔巴哈和德国古典哲学的终结》。多么古怪的书名！我简直大惑不解：一个人怎么会对这种艰涩枯燥的东西感兴趣？后来，大约是在70年代后期，有一个全国性的“学理论”运动，家里满是医学书籍的书橱里因此增加了一些马、恩著作的单行本。一天，妈妈给了我一本《共产党宣言》，让我也读，我翻了翻，觉得有点意思，虽然读不大懂，还是硬着头皮读了一遍。这本书吸引我的，不是理论和思想，而是华丽的辞藻、欧式的文体和修辞。因此，我没有接着去读什么《费尔巴哈和德国古典哲学的终结》或者《反杜林论》，我在理论方面的阅读到此为止。再后来，我在工厂的时候读了《毛泽东选集》第五卷，当时那是一项政治学习任务，不过我倒是读出了一点心得，觉得蛮有趣的。此外，我还在工厂的图书馆里读到一部美国人写的《世界史》。这些，差不多就是我进大学前读过的全部理论书了（如果历史书也算的话）。至于外语，我念初中时在一所学校学了一点英语，在另一所学校学了一点俄语，以后统统忘光，好在我考大学那一年，外语只作参考，放弃了并不可惜。我的高考成绩，历史一科最好，得了80多分，其次是语文，也有70多分，地理和政治都是60多分，数学最差。其实，我对于历史的兴趣一般，考得最好，主要归功于"背"。考政治也完全靠"背"，可成绩比想象中差，当时甚至动了查分的念头，终因手续复杂而作罢。不过，四年后，我在研究生入学考试中"背"政治再度失手，最后补考方才过关。这也许说明，我对这一科目不仅迟钝（关于此还有许多其他例证），而且心底里有一种反感和抵制的情绪。我没有博闻强记的本领，对于缺乏内在生命而需要死记硬背的东西尤其不耐烦。以我的生活经历和性格特点，我喜欢有一点活动空间，一点自由创造的余地。因此，在所有的科目里面，我最喜欢语文，说得更确切一些，我最喜欢其中的"作文"。不过，我又不像许多人那样，在他们的青少年时代有过文学梦，我也几乎没有试着写过小说一类东西。我的"作文"基本上都属于那种篇幅不大的叙事和说理体裁，开始是名副其实的作文，后来就变成了日记。我从中学开始就有写日记的习惯，这种习惯保持了很久，它对于训练我的写作能力有非常重要的意义，这一点下面还会谈到。总之，在即将跨入大学校门的时候，我在知识准备方面的情况很糟，比较有优势的，是个人的质素和能力。我能够考进大学，靠的主要是后者。

我的高考总分不高也不低，去掉最好的学校，再去掉师范学校，选择范围就不太大了。最后我被西南政法学院（现在改名为西南政法大学，不过，我还是更喜欢原来的校名）录取，成为一名法律专业的本科生。在那以前，我从没有想过自己会去学习法律，也说不上喜欢不喜欢这个行当，因为当时我对于法律并没有什么认识和了解。但是既然进了校门，我也就像其他年轻人一样，怀抱了极大的热情和好奇，投入到全新的生活当中。

大学

第一个学期，我肯定是好学生，期末三门考试我的成绩都是“优秀”。但是再往后，我就变了，而且越变离“正道”越远。我曾经那么想了解、学习和掌握法律知识，但我很快就感到失望。我在课堂上听到的那些法律理论不但与现实完全脱节，而且粗陋得不成话，根本没有说服力。这与当时“思想解放”氛围中学生们活跃的思考显得很不相称。更具有讽刺意味的是，与这些课程相配套、被列为必读书的“马列原著”恰是最具思想力和批判力的作品，一个人如果真正读过并且理解了这些作品，他（她）怎么能够接受自己在课堂上听到的东西？

我从阅读四卷本的《马克思恩格斯选集》开始学习读理论书和培养自己的理论兴趣，这在当时即使不是进入理论的唯一选择，也是最便捷的方式。因为在此之外其他理论书籍尚少，借阅不易，更没有地方去购买。最初，我备尝读书的艰苦，主要问题是读不懂，确切说是似懂非懂。没有其他办法，只好仔细地读，反复地读，甚至用笔记的方式把所读的东西做成缩写。这个法子很笨，但是奏效。经过大约一年多这样的训练，我的阅读和理解能力有了提高，理论上的鉴别力也有所改善，但结果却使我不再是个好学生，也不想再做个好学生。我开始挑挑拣拣，经常逃课，最严重的事发生在“共产主义运动史”这门课上，整整一个学年的课，我只去了两次：第一堂课和期终考试。当然，这是后话了。

我入学的那一年，恰好也是我的母校在停办多年之后恢复招生的第一年，老师们因为重执教鞭而感到兴奋，对自己的学生更是加倍地关心，加之我们这一届学生大多有过社会经历，独立性强，师生之间相处甚为融洽。这在无形中造成了我们这个年级同学的某种特殊地位。身为“78 级”同学，我们享有一些“特权”，一些令所有低年级同学羡慕不已的自由。我很庆幸，一开始就能够生活在一种相对放任自由的环境里面。否则，过多的纪律约束同教条化的教学结合在一起，很可能从一开始就毁掉一个虔诚求知的青年。少年时代的经历培养了我的自立精神，也教会我恰当地运用自由，因此，我很快就适应了大学生活。我为自己制定了读书计划，并且定期检查这些计划的实行情况，同时，我还经常做自我反省，不断调整生活和学习的目标。大约在大学二年级后半，我已经非常明确地为自己找到了大学的发展方向和目标：通过广泛阅读尽量拓宽知识面，同时把培养和提高自己的能力作为主要目标。

从专业发展的角度看，以最大限度地拓宽知识面为发展方向，其实等于没有方向，但它比较合乎通才教育的宗旨，甚至还可以说，它更接近于教育的本旨，尽管当时我并没有特别明确地意识到这一点。我之所以如此选择，毋宁是因为一些更具体更直接的缘故。首先，我有很强烈的求知欲望，而所谓专业方面的课业远不能满足我的这种欲望。其次，进入大学以后，我痛感自己过去在知识上的匮乏，有一种急于补课的冲动。此外，我还模糊地感觉到，大学教育应该是那种让一个人得到全面发展的训练，而不是把人变得狭隘。要成为一个受过教育的人，就不能把自己局限在狭小的专业领域之内，而应当了解和掌握多方面的知识。有了这种想法，我就可以心安理得地杂览群书。我说“杂览”而不说“博览”，是因为我读书虽杂，但还谈不上博。70 年代末 80 年代初，图书出版远没有现在这样的规模，以至于当时我敢夸口说，凡是值得一读的书，出一本我就能买一本。实际上，那几年我读了不少欧美古典小说，那是我所谓补课中的一项重要内容。

说到能力的培养，人们可能认为这是一个“虚”的东西，不易捉摸。我想也是这样，至少，能力没有形貌，也不好衡量。但它确实存在，而且，能力的有无与高低，也绝不是无关紧要的。举一个小例子。大约在三年级的下半或四年级的上半，我们开了“外国法制史”这门课。当时的主讲老师林向荣先生是一位很严肃的学者，对同学们要求也比较严格。说来也有意思，我们这些号以“78级”的宠儿，平日散漫惯了，但在林老师的课上一个个都很规矩，不敢造次。至于我自己，坦率地讲，我喜欢这门课，不但因为林老师身上有一种正派谨严的学者风范，而且因为“外国法制史”这门课让人觉得视野开阔，这很合我的脾性。最令人难忘的是期末考试。当时，林老师宣布了两条纪律：第一，开卷考试；第二，按时交卷。必修课开卷考试，这是绝无仅有的一次。既然可以带参考书，评分的标准就不在乎抄书与否，而在于抄得好与不好，考的是理解能力、分析能力和文字表达的能力。至于第二条“按时交卷”，这是所有考试都有的要求，但是在我的记忆中，说到做到，毫不含糊，这也是唯一的一次。考试成绩出来了，在全年级 360 多人当中，我是第一名，得了 97 分。我把这件事看成是自己实行的自我教育策略的一个胜利。说到成绩，我必须要告诉读者，我四年里参加过数十次考查和考试，并不总是有这样拔尖的成绩。事实上，我也没有把这一点当作自己的目标。大抵我感兴趣的课，成绩都不错，对不感兴趣的课，我既不愿下功夫，也不在乎考试成绩，只要能及格就行。这一点，说说容易，做起来却很难，况且以及格为基本目标，实际是冒了不及格的危险，而我也确实遇到过这样的危险。这是另一个故事，不赘述。我只想说，一个人认准了生活的目标，便义无反顾地去追求，得失荣辱，不动于心，这是一种人生境界。我当然还没有达到这样的境界，但我崇尚这一境界，并且试着在人生的不同阶段，通过回答生活的挑战来磨炼自己的心志，而在大学毕业之前，我想，我已经做到了不为分数所动，而且绝不只是口头说说。

现在，我应该谈一谈自己的专业。作为一个法律专业的本科学生，我在四年的时间里面究竟学到了什么东西？我如何看待自己的专业？

如前所述，以前我对法律并无了解，也谈不上喜好不喜好。既然读了法科，我便努力去了解并且想要喜爱自己的专业，但是最终，我所接受的那一套“法律教育”，驱使我离开它越来越远，我不但疏离了这种法律教育，而且也疏离了法律。这实在是一种很大的讽刺。我的性格，原本不喜欢僵硬的教条和枯燥的条规，可是我们的法律教育，偏偏把法律弄成这两种东西中的一种。二年级以后，我们开始学习部门法，当时，国家立法远没有现在那么多，司法活动也恢复未久，部门法的讲授要么是些干巴巴的原则，要么是对现有法条的琐碎讲解。最要命的是，不论是所谓理论法学还是部门法学，其实都没有理论，不成系统，最后竟让人怀疑其中到底有多少能算是学问。大学期间，陆续有一些法学刊物创刊，开始我非常兴奋，全年自费订阅，但是不久，这些杂志对我全都失去了吸引力。结果是，我以后再也没有亲近法学刊物的欲望，而且，我也没有觉得自己因此而失去了什么。当然，话说回来，我毕竟是一个法科学生，四年的法律教育虽然没有让我学到多少东西，但却为我提供了一个进一步发展的机会和方向，它的意义在我决定报考研究生的时候便显示出来：我必须选择一个学科，一个专业，而所有这些都是给定的，不容我做自由的创造。结果，我还是选择了一门法律专业，但又是一门与人们通常认为的那种法律相距最远的“法律专业”——法制史。更确切地说，我的专业方向是“外国法制史”，这一选择显然有林向荣老师影响的痕迹。

在结束我的大学之篇之前，还必须提到另外一件事，一件比知识的获取更为重要的事情，来作本篇的总结。在上大学以前，我从不曾想过要考研究生，后来的转变显然与我在大学的“觉醒”有关，与我对学问的认识和日渐增长的兴趣有关，不过，这些都还是比较表面的东西。使我决定要报考研究生的更根本的原因实际上来自于一个更深层的转变，一个人生历程上的重要选择。前面提到，当初填报大学志愿时，我曾尽量避免师范学校，因为我不想成为一个教书匠，不，岂止是不想，我对这样的前景简直是又恨又怕呢。我怎么也不会想到，仅仅两三年之后，我竟毫不犹豫地选择了这个职业。是什么使我一变而至如此？我所经历的失败的法律教育不大可能把我引领到教师的职业上去。然而，正是四年的大学生活使我更深切地体味到了自由的价值，而我一旦享有这样的自由，就不愿再失去它。四年寒窗帮助我了解了许多东西，但是最重要的是让我了解了我自己。我终于知道，做一个学者比当一名钳工更合乎我的禀赋，逐渐地，我达到了这样一种内心的确信：书斋生活即是最适合于我的生活。这时，我选择的与其说是一种职业，莫如说是一种生活方式。人生的道路一旦确定，剩下的事情便可以从容地去做。我不必着急，在成为一个教师之前最好有机会继续深造，一方面，我需要更多也更系统地掌握某些知识，尤其希望在杂览的基础上有一点专攻，另一方面，学业上的深造不仅有益于将来的职业，而且只会增加获得这一职业的保障。因此，我决定报考研究生。

我的研究生考试与我当年的高考很相似。当年我不相信辅导班，现在我也不想费尽周章去找所报学校的教材或者所报导师的课堂笔记。我的策略是依靠自己和充分利用现有条件，掌握基本的东西，准备好做临场发挥。结果也一样：我的总分不高也不低，但是被录取了。就这样，我带着少年的自负，甚至是尚嫌幼稚的桀骜不驯，还有对未来生活的希望，来到了北京。

继续深造

对我来说，人生际遇的重大转变已经在大学完成，相比之下，三年的研究生生活，其重要性主要是在学术思想发展的方面。因为有大学四年的经历，研究生阶段的学习对我来说就显得相当轻松，再加上研究生课程比较本科课程已经大为减少，考核方式也比较灵活，这使我得享更大的自由。这一时期，我继续读书，继续我的自我教育，但是内容开始有所变化。我几乎不再读小说，读书范围虽广，但已从原来的驳杂转到主要是人文方面和专业方面。经过两年的必修课训练和后来的自学，我的英语已经有了一个不错的基础，这时我便尝试着阅读专业方面的英文著作，同时做一点翻译训练。也是在这一时期，我学会了欣赏西洋古典音乐，而在这以前，我听到贝多芬第五交响乐时的感觉，就像我初见人读什么“费尔巴哈”时的感觉差不多。此外，我还热衷于当时北京的各种美术展和一些艺术表演，在这方面，我原本就有兴趣，这时更有如鱼得水的感觉。这就是北京，一个人才汇聚而且机会同诱惑一样多的大都会，它进一步打开了我的眼界，同时也培养了我的趣味。这些好处我立时就感觉到了，但那仅仅是开始，后来我将更多地从中受益。

现在有些地方的研究生，从入学的那天开始便面临发表的压力，他们的老师在第一堂课上就把“出成果”的任务交给他们。我真的很同情这些学生，同时也为他们感到惋惜。他们在失去宝贵的学习机会的同时，很可能得到一种对于学术的错误理解。80 年代初，我刚到中国人民大学法律系读研究生的时候，幸而还没有这种不良风气。因此，我可以在一种比较平静的氛围中安心读书。我的指导老师为人宽厚，从不干涉学生的学习、研究和思考，放手让他们自己去发展，并且在需要的时候尽量为他们提供便利。他不像有的指导老师，对自己的学生看得很严，上课之外，还要开列一大堆马列经典让学生读，且定期检查，当场问难，只要发现理解稍有“偏差”，立即声色俱厉把人教训一顿，弄得自己的学生战战兢兢。当然，我那时已经身经百战，不会怕这种人，也不会受其影响，但我的研究生生活，一定不会像现在回想起来那么愉快和充实。我是如此地痛恨思想管制，因此，想到当初能够不做无谓的牺牲，更无须忍受精神折磨的痛苦，我应当有理由为自己感到庆幸。

法制史是一门介乎法学与史学，甚而社会科学与人文学之间的学科，所谓外国法制史更是宽广得没有边。上至古代埃及、巴比伦、印度以及希腊、罗马，下至第二次世界大战以后的欧洲、美国、拉美、东南亚，无不在它的研究范围之内。实际上，没有人能够胜任这样的研究，而且除了苏联和接受了苏联学制的中国，恐怕世界上也没有哪个国家在大学里开同样名称的课程。可我居然就成了一名攻读“外国法制史”的研究生。我原来曾希望在研究生期间加强“专攻”，可是这样的专业如何去“专攻”呢？当然，任何研究者都只能选择某一段时期、某一个国家或民族、某一类法律来研究，但是在当时，无论人们想要研究的是古代还是中世纪，也不管他们选择哪一个民族和国家，除了总是老一套的教科书之外，几乎没有任何专业书可读（这种情形到今天只有微小的改善）。因此，要实现“专攻”，唯一的办法是在选定研究对象之后，扎到图书馆里，从西文文献开始。这样的功夫我也做过一些，尤其是在准备硕士论文期间。不过总的说来，仅仅研究比如罗马法或者日耳曼法或者英国法，并不能满足我的精神需求，我钦佩那些学者写就的作品，但它们对我还是稍嫌技术化。我心仪的学者，不是专家式的，而是思想型的。这可能部分是因为，我通过阅读接触到并且为之吸引的多半是思想型的学者，比如孟德斯鸠、费希特或者穆勒；部分是因为我自己的学术趣味和禀赋更接近后者而不是前者。关于这个问题，下面还会谈到。总之，我并没有走上“专攻”一路，我的研究生三年，总有一半是用在一般性的阅读方面。

要在这里开列一张我在研究生期间读过的书的书单，那是很乏味的，但是有两位著作家的名字和作品却不能忽略。其中一位就是刚才提到的孟德斯鸠，他的大著《论法的精神》享有18世纪百科全书的美誉。另一位是英国人梅因，他的不朽著作《古代法》曾经对19世纪的欧洲思想产生深刻的影响。这两位大师和他们的著作都不容易归类，尤其是孟氏，他的作品是一般知识分子的必读书，而不应归在任何一个专业。不过，同样明显的是，这两位著作家和他们的作品，都与法律学有密切关联。特别是梅因，他独自开创了一个法学流派，他本人在法制史研究中的地位尤其崇高。在我稍后发表的一些文章里面，两位大师的影响清晰可辨。比如，我曾以梅因的名言“从身份到契约”为题作过文章，也曾把孟氏的一句话“我们应当用法律去阐明历史，用历史去阐明法律”改成“用法律去阐明文化，用文化去阐明法律”，并把它当作自己研究的导引。不过，这些都还是最显见最表层的印记，而我的受惠于前贤，实在不止于此。我读这些大师的作品，对他们的博识深为叹服，更为其思虑的深邃所吸引，因此有意无意地想要学习他们思想的方法，找寻他们进入学问的路径。这种探寻乃至模仿不是要把他们当作我的研究对象，而是想接近他们，把他们的思想、理论和方法融入我自己的血肉。因此，我不只是理解他们，而且运用他们，尽管这样做的结果，可能使我对他们的理解流于片面。后世的学问家，把孟德斯鸠奉为比较法的始祖，把梅因誉为法律人类学的先驱。我的法律史研究，开始就走上比较一路，以后又为人类学所吸引，追根溯源，恐怕还要回到学生时代的阅读与思考。

一个人的思想什么时候成熟和定型，这实在是一件很难讲的事情。以我的经验，一个人若是在青年时代就开始用心思考，那么，不管他或她当时的思想如何幼稚，也不管他或她将来的思想怎样变化，最重要的东西很可能在那时就已经发端，以后的思考，或者围绕一个当时萌发的问题，或者沿着那时所确立的方向，逐渐地展开。至于人生经验，也许可以追溯到更早阶段，但这问题不在我现在的讨论范围之内。就我自己而言，人生的转折发生在大学，思想的雏形在研究生阶段就已显现。这当然不是说，早在80年代上半，我就能够预知自己将来所要从事的研究以及研究的方法是什么。那时，我只是确知自己愿意过一种书斋的生活，并对自己的能力、禀赋和兴趣有了相当的认识。当时，我在学术上的趣味已经明白地表现出来，为学的路径也大致上确定。关于这一点，也可以用一件事例说明。在读研究生第二年的夏天，我被准许参加将在当年年底举行的“外国法制史”年会，为此，我专门准备了一篇文章，题目大概是关于本学科发展的若干思考一类。这篇文章分两个部分，后半专谈学科建设方面的问题，前半则务虚，讨论了一些理论问题。说是讨论理论，其实没什么理论，不过是些理论之前的粗糙想法。记得那篇文章的小标题包括：法律与历史，法律与文化，比较与方法，等等。文章的篇幅不大，论证也很简单，像个宣言。事实上，我当时真有这样的想法。我希望从自己的专业开始，对我所不满的法律研究现状加以改造。由此可以想见我当年少年气盛、意气风发的情形。我的文章当时也许引起了一点注意，但以后却没有什么影响，这也使我对法制史界乃至法学界的情况有了更多的了解。经过几次类似的接触，我想在专业方面有所作为的初衷逐渐淡化而至于消失。1985 年夏天，也是我研究生毕业的那个暑假，我参加了另一次“外国法制史”年会，此后，我没有再参加法学界的任何一次会议。我并非有意要疏离于法学界，在我的头脑中，其实并没有什么“界”，我很早就习惯于不按学科或者知识上的分类来给自己下定义。我只是想让自己成为一个学者，一个知识分子。

我就这样按照自己兴趣的指引前行，虽然也在不断地反省，但是没有形成什么理论。我没有构造体系的欲望，也没有特别感觉需要系统的理论。我需要的，也是我在反省中不断总结和审视的，只是一些原则，一种方向感。但是我并不轻视理论，更不排斥理论，我只是不想专门去造一个理论出来，我想让它自然产生，甚至，依我当时的看法，它最后有没有产生也无关紧要。这一点其实同我的学术兴趣和禀赋以及我对它们的认识有关。我曾经自认为喜爱哲学和历史，但我读哲学书，了解到自己不善作纯思辨式的思考，读历史书，知道自己不喜作纯学究式的考证，毋宁说，我的兴趣是在哲学与历史之间，让思想不离材料，让材料贯以思想。可能有人会说，这样做的结果，是既没了历史，也丢了哲学，或者，这既不是历史，也不是哲学。也许真是这样，但那又有什么关系？智识活动的意义并不取决于它们是否合乎既有的知识分类，而取决于这种活动是不是对人类的知识有所贡献。因此，我并不关心自己的研究能不能被归入某个专业，比如，它是不是"法制史"的（尽管在评职称这类事上总有人要抓住这一点），而只关心我所研究的问题是不是真正值得研究，我的研究是不是有新意，我在研究中是不是最大限度地利用了自己的知识资源，等等。同样，着眼于这些，一个人是不是在法学界或者其他什么学界中活动，他或她在别人眼中是正统还是异端，也都是无关紧要的。

到现在为止，我一直没有谈到写作。人们通常把写作同发表联系在一起，而不把私人性的文字活动视为写作。这种意义上的写作，在我是从研究生毕业那一年开始的。不过，我想在这一节就讨论写作问题，理由有二：第一，一个人不可能在公开发表他或她的文字之前什么也不写，哪怕仅仅是为自己而写，否则，就不可能有发表这回事，而且从某种意义上说，没有发表的东西可能比公诸世人的东西更要紧更有趣。第二，尽管直到研究生毕业以前，我几乎没有发表过自己的任何东西，但我一直在不停地写，不是为了发表，而是为了思考。对我来说，谈思想的发展，不可能离开写作。

前面说过，我在大学和研究生期间一直保持着写日记的习惯。实际上，除了两篇毕业论文、若干篇作业、各种摘录式的读书笔记和少量篇幅不大的札记之外，我全部的文字都是日记。这些日记也记一点生活琐事，但不是流水账，而更多是一种精神活动的记录。我习惯以写日记的方式来清理自己的思想，结果，我同时接受了两种训练，一种是思想上的，一种是文字上的。这两个方面实际上很难分开。我的经验是，在经文字过滤之后，思想才变得清晰。我不像有的人，动笔之前，先已将问题反复思考，了然于胸中，然后一挥而就。我需要在写作中思考。这并不是说，落笔之前我对自己将要讨论的问题一片茫然，如果真是这样，那就什么也不必写了。通常的情况是，我先仔细思考所要讨论的问题，直到觉得已经把握了这个问题，可以动笔。问题是，无论怎样周密的思考，都不能够代替写。写既不同于思，也不同于说，它对于思和说都是一种挑战。正是在写作过程中，往往有意想不到的事情发生：我可能发现原来的想法在逻辑上不能贯彻到底，或者论点与论据之间的联系不够紧密甚至无法成立。当然，也有相反的情况：发现了新的论证方式，在写作中获得灵感，或者，从旧材料中读出新意，不用说，还有种种细节上的丰富。这个道理，适用于任何形式的写作，并没有为发表和为自己之分。也是因为这个缘故，在从主要是写日记过渡到写文章写论文的时候，我没有感到不适应，我的思想发展的连贯性也没有因此而受到影响。

关于写作与思想的关系，还有另一方面的问题需要澄清。思想与写作之间的联系虽然密切，但它们终究不是一回事。思想不能取代写作，写作也不能代替思想。我曾经听到不少关于我的文章的议论，其中一种意见说我“文笔好”，甚至有人使用了“美文”这个字眼。我的文字是不是属于美文一类，姑且可以不论，问题是，人们在如此评价一个人的文章的时候，实际上往往是在褒奖他或她的“学问”。就在不久以前，一个年轻的同行又直接向我表示了这样的见解，即学问的好坏源于对文字的把握。我并不否认，文字表达有高下之分，文章的好坏也确实会影响到思想的感染力和说服力，为此，我不但自己重视文字，而且对旁人的文字也很注意。但我仍然要说，文字同思想不是一回事，文字不能代替思想，把二者混为一谈是很危险的。有些人写得不清楚，是因为他（她）们想得不清楚；有些人的文章间断跳跃，是因为他（她）们的思想不够连贯。反过来，文辞的华美有时只是为了掩盖思想的苍白，正好比沉迷于新名词可能是为了躲避对思想的严肃提问一样。我相信，严肃思考的人决不会对表达无动于衷，而认真看待文字的人也不应是思想上的取巧者。所谓言之有物，既是对思想的要求，也是对表达的要求。其实，我对于旁人文字的注意从来都不是苛求，尽管读一篇好的文字无疑是一种精神享受，但我所要求于旁人甚至朋友的，通常只是最基本的东西：没有病句，不生造语词，言之有物，明白晓畅。再往上，就是个人风格，尽可以自由发挥。至于我自己，坦白说，我对自己的要求并不比对别人的要求高出多少。首先，我不能容忍病句，并且尽量避免有生造之嫌。其次，但凡写作，总希望言之有物，否则，宁可搁笔。再次，意思表达要尽可能准确，文章应当明白晓畅。最后，讨论问题要直截了当，思想的每一个环节都尽量交代清楚；先把问题想清楚，然后把它说清楚，让自己懂，也让别人懂。做到这些，文章就可能让人觉得美。这是一种内在之美，与修辞无关，更不是文辞的华丽，它来自于清晰的思想和逻辑，来自于作者对汉语言特性的掌握和运用：文章的布局，文字的节奏，文气的贯通，等等。自然，这里谈到的写作上的要求，无论对别人还是对自己，都只限于学术文章，而且不用说，它们都受了个人趣味的影响。的确，我喜欢直截了当朴素自然的文字，欣赏用浅显的文字表达深刻思想的本领。我不喜欢过多地使用概念，尤其是新名词，也不喜欢冗长沉重的文风。我的原则是，在可以用简单方式说清问题的时候，决不采取复杂的方式。我还以为，我们所关注和讨论的问题，大部分用日常语言和普通概念就可以讲清楚，而那些喜欢堆砌新名词、追逐新概念的人，往往只是故作高深，食洋不化。说到这里，可以顺便指出，“化”而不“隔”也是我对写作和思想的一项要求。近百年来，我们在思想和语言两个方面都接受了西学的熏陶，表现于文字，“欧化”的倾向在所难免。翻译西文图书不必说，有时，我们自己写文章也“欧化”得厉害。我在正式发表文章以前，也曾经历过这样的阶段，因此了解其中的缘故。其实，即使是翻译，也有化与隔的分别，更不必说，写作与译述处理的文字不同，所要求的思想方式也不同。既然是用汉语思想和写作，我当然不希望自己的文章读上去像是翻译文字。这同样是一种挑战，对文字也是对思想的挑战：如果不能很好地驾驭汉语，就会有表达上的障碍，但是如果根本就没有将外来思想理解和消化，表达问题就无从谈起。当然，文章无定法，文字趣味也因人而异，没有理由要求大家喜欢同一种文字风格，遵守同一种文章作法，即使学术文章也是如此。不过，总有些基本要求，我对自己和别人提出的，多半也是这些基本要求。对于这些要求，我不敢说自己已经做到了，但可以肯定的是，我的文章不是什么“美文”，我之所以赢得了一些读者，也主要不是一般所谓“文笔好”。有一些读者，甚至是学界的朋友，把他（她）们欣赏的文章和作者，统统归入“文笔好”一类，并不区分学术与非学术，文人与学者，思想与文字，这多少是件令人遗憾的事情。

两篇文章

1985 年的夏天，我结束了三年的研究生生活，成了一名教师，也是在那一年，我开始了自己的写作生涯。

经过了若干年的积累，我想我已经有了写作的冲动，只是还没有任何写作计划。后来有一天，我的一篇讨论清末学风变化的读书札记被《读书》杂志采用。这件事令我很受鼓舞。于是，我开始连续为《读书》写稿。从 1985 年 9 月到 1988 年 5 月，不到三年的时间里，我在《读书》杂志上一共发表了大约十五篇文章。这些文章后来大多被收入我在 1992 年出版的一本题为《法辨》的论文集。在这段时间里，我还做了其他一些事情，包括撰写《新波斯人信札》（我担任主笔并统理全书），翻译伯尔曼（Harold J. Berman）的《法律与宗教》，写作并完成《寻求自然秩序中的和谐——中国传统法律文化研究》一书，此外，我还在其他刊物上发表了一些或长或短的文章和论文。

为《读书》写文章很适合我当时的思想和知识状况。那时，我读了几年书，也思考了一些问题，但还没有就某一具体问题作通盘研究的计划，考虑较多的，与其说是研究什么的问题，不如说是如何研究的问题。我把自己的见解写下来，发表在《读书》1985 年 9 月号上，题目是“比较法与比较文化”。这篇文字虽然不算是正经论文，但却是我后来发表的一连串法律文章中的第一篇，也是我数年读书和思考的心得，因此，视之为一份个人研究纲领并不过分。写那篇文章的时候，“文化热”方兴未艾，一个法律研究者也来谈文化，不能说没有受时代的影响，不过，我这样做并不是为了赶时髦。对我来说，运用文化的概念是一件有实际意义的事情。文章开篇就引用了社会学和人类学的文化概念，主张采用广义的文化概念作自己研究的基础。这样一来，不但法律被看成是文化的一个部分，它与宗教、伦理、哲学、政治、经济等文化其他部分的联系受到关注，而且法律本身的不同方面，如制度、行为、观念等等，也同时被纳入研究者的视野。就是在这篇文章的结尾，我提出了一个所谓“中国式的比较法学”的原则，那就是：“用法律去阐明文化，用文化去阐明法律”。我在以后几年里所做的事情，实际都可以归在这个大题目之下。

回想起来，我当初为文化的概念所吸引，主要有两方面的原因。第一是因为我很早就摆脱了狭隘的专业视界，通过广泛阅读，成就了某种多面的知识结构。我希望最大限度地调动自己的知识资源，把法律置于更广阔的背景下研究，这时，引进文化概念实在再自然不过。第二个方面的原因与个人禀赋有关。如前所述，我的学术兴趣在乎历史与哲学之间。我习惯于历史地思考问题，而这个历史，往往是“大历史”（借用黄仁宇先生的说法）。如此去看中国近现代以来的法律，不免要上下串联，考源流，论沿革，看历史中的变与未变，进而注意到法律发展中制度、意识和行为的不同层面，而这些，正是文化研究所关注的问题。由这里，也引出比较的主题。谈文化，势必要区分异同，标识特征，这些原本离不开比较方法的运用；关注近代以来中国法律发展中的不同层面及其关系，则进一步把注意力放在固有法律传统与外来的西洋法传统的比较考究上。我对于这种思想方法并不感到陌生，我在研究生期间主修的专业“外国法制史”实际就是比较法制史，我的硕士学位论文以罗马法对英国普通法的影响为主题，作的也是比较的文章。不同的只是，我这时的兴趣，已经从西洋法转移到了中国法，从古代和中世纪延伸到了近现代乃至当代，我的求知的好奇里面，更多了一些现实的关切。

我说过，为《读书》写文章很适合我当时的情况，这也包括我的自我定义。虽然是在大学的法律系教书，我却不在乎自己是不是法学界中人，事实上，我早已自觉地把自己边缘化了。读研究生的第二年，我就开始订阅《读书》，而且每期必读。我欣赏《读书》，因为它是一本知识分子的杂志，不仅内容富有朝气，文字也清新可喜。能在这样的杂志上发表文章，无疑是一件令人兴奋的事情。同时，对于一个初出茅庐的年轻作者来说，这也是一种难得的思想和写作训练。它不但要求我把问题想清楚，而且要求我把它们说清楚，写清楚。这在无形中也刺激了我的写作欲望，从一个问题到另一个问题，每讨论一个问题，都会引出更多新的有意思的问题。在此过程中，我的思考也变得越来越深入和明晰。此外，加入《读书》作者的行列，间接地使我成为北京青年知识分子群体中的一员，这件事也非常地有意义，它使我能够同一批当时相当优秀而且活跃的青年学者结成友谊，共同从事一些跨学科的学术活动。这样，不仅我的视野更加开阔，学术发展的机会更多，我对自己所选择的学术发展路向也更加具有信心了。

80年代的中国知识界，追求思想解放，有一种朝气蓬勃的精神，但是同时，由于长期思想管制和精神摧残所造成的底蕴不足，又使得当时的启蒙运动很容易演成一种浮面上的喧嚣。对于年轻一代知识分子来说，那是一个容易出名的年代，但也是一个危险的年代。危险就在于，人们容易为一些响亮的口号所诱惑，而忘记学者的使命。有些人可能真诚地拥护思想解放，但他们沉迷于同论敌的斗争，一心要把对手压倒，结果，他们因此而丧失了真正的思想自由。因为他们所使用的语言，他们的思想方法，他们所关注的问题，与他们论敌所有的并无不同。这种情形，在那些政治敏感的学科和领域尤为突出。我在那样的年代写作，而且是讨论法律问题，能够不受此种诱惑，坚持走自己的路，一方面得益于我的“边缘化”，另一方面与我对自己的认识和要求有关。既然我是一个学者，就应以学理的方式思考问题，而不能只是喊喊口号，但要这样做，又需要另辟蹊径，否则就可能回到令人厌恶的老路上去：陈旧的问题，无聊的论争，千篇一律的思想方法，了无意趣的陈词滥调，等等，而我对这一切早已经深恶痛绝。我的策略是，直接去讨论自己所关心的问题，用自己的方式，自己的语言。在我看来，清除思想障碍有两种方法，一种是正面作战，一种是另辟蹊径。在对手过于强大或者只是过于庞大，而自己比较弱小的时候，采取第一种方法不容易奏效，而且有被"异化"的危险。这时，最好采取第二种策略。长远地看，这是那种令对手不攻自破的法子，但它所需要的，却不是逞强于一时的匹夫之勇，而是冷静、坚韧、扎实、步步为营的智慧和勇气。当然，对我来说，选择后者并非勇气和智慧使然，我性格如此，趣味如此，一切都是自然而然。尽管如此，把我进一步推向后来学术研究的，还有其他一些东西。

按照某种严格的标准，我为《读书》写的那些文章都不能算是学术论文。不过，如果因此而认为它们也不具有学术性，那就错了。我不想在这里讨论学术的概念，我只想说，它们同样是严肃的学术思考的产物，它们与所谓学术论文的不同，只是写作方式上的，这种不同，又与刊物的性质和读者的要求有关。我为《新波斯人信札》撰写的篇目，和我为《读书》写的那些文章，不是写给专门家，而是给一般的知识者，因此，我避免用专门的术语，尽可能不作引证，并且略去论证的细节，在此之外，我还注意使篇幅不要过长，文字足够平易。这样的文章当然可以由不同的人来写，但是对于学者来说，他必须有足够的知识积累，应当对问题有比较系统的思考，如果必要，还应当能够就其结论做出详尽的论证。我所谓严肃的学术思考，指的就是这些。

也是在 1985 年，在为《读书》写稿的同时，我开始准备一篇探究中国人法律观念的文章，这也是那种人们通常叫作学术论文的文章。这篇文章在 1986 年初的时候完成，后来投给《中国社会科学》，又根据编辑的意见做了一些修改，最后发表在这本杂志 1986 年的第四期上。这篇论文的题目是：“‘法’辨”。1988 年秋天，我在美国哥伦比亚大学法学院做访问学者期间，该校编辑出版的英文刊物《中国法研究季刊》要求我推荐一篇自己的文章供其翻译刊载，我提供的正是这篇《“法”辨》。“法辨”还是我在 1992 年出版的一本集子的书名。此外，同一篇文章还被我自己选进了三本不同的书中（为此我要向读者致歉）。这些，足以见出我对这篇文章的偏爱。我之所以如此，并不是因为文章本身无懈可击，而是因为它在我的学术成长过程中起过重要作用。这篇文章从讨论和辨析中、西两种语文当中“法”字的不同含义开始，探究了两种法律传统和法律观念的差异，并且深入到文明的源头，通过追溯国家的起源和不同人群的早期经验，力图说明这种差异的由来。最后，文章还讨论了中国传统法律观念在历史上的展开及其制度化，指出在一个西方化的近代法律体制建立之后，传统法律观念在现实社会生活中的巨大影响。这篇文章发表之后，我听到不少鼓励的意见，不过，令我印象最深的却是另一种看法："你要说的不就是最后那两句话吗？［按指结论部分关于传统对现实仍具影响的见解］何必说那么多废话，绕那么大圈子？"这种看法来自我在法律系的一位年轻同事，对此，我一点也不觉得奇怪，而且我还相信，持类似看法的一定不止此一人。但是在我看来，学术与非学术，理论与意识形态，二者的区别正是在这里。也许我关于现实的感受和结论与另一个人的相同，但是当我以学术方式来审视这些感受和结论的时候，我就必须达到一种理性的自觉，我要向自己，同时也向所有其他人，提供一些经得起检验的论据，并且公开自己的论证方式。我最后的结论可能与自己先前的或者别人的相同，但是并不必然如此。我承担了依靠理性去证明的义务，那就不仅要公开，而且要忠实和公正。古人说，学术乃天下公器，同样包含这一层道理在内。我依此去做，实际是在尽学者的本分。着眼于这一点，最后的结论其实并不重要，要紧的是隐藏在结论后面的东西。我所以如此看重自己这篇早期论文，原因就在这里。

《"法"辨》体现了"用法律去阐明文化，用文化去阐明法律"的原则，同时它还包含一些更具体的东西。首先，它表现出一种对语言现象的特殊兴趣，相信从语言的辨析入手，有可能深入人类的经验世界。其次，它非常看重人类的早期经验，认为人类在文明发轫时期的经历对于文明后来的成长至关重要。再次，它注重观念形态，但它研究观念的办法，既不是心理学的，也不是思想史的，更不是纯哲学的，也许可以说，这是一种接近于历史社会学的方法。最后，它表明了一种现实的关切，但采取的却是学术的姿态。在我后来一部讨论中国法律传统的更加系统的论著当中，这些特点都被保留下来，而且被进一步地发挥。从这个方面说，《“法”辨》提供了一个理解我后来思想转变的内在理路，这一点，是那些只关注结论的人看不到的。

《“法”辨》有很多缺点，尤其令我不满意的，是那些表露于字里行间的情绪。撰写这篇文章的时候，正是举国上下大谈现代化，学术界内外批判传统文化风头正盛的时候。流风所及，我也难免受其影响，这倒不是说，我有意追逐潮流，实在是因为我当时对传统与现代的关系认识肤浅，对现代性的种种问题缺乏思考。不过，我既然不愿意人云亦云，空喊口号，想必也不至于背离学术正道。这是从反面说。若从正面说，情况又比较复杂，因为学术的路向有很多种，学术趣味也有纯正与否的分别，一个人做的事情是不是学术的，这是一个问题，他或她能不能在学术上不断深入且有所创获，这是另一个问题。在这样的意义上说，那种流露于字里行间的情绪是有害的，它们可能危及客观、公正的学术立场，妨碍对问题更深入的探讨，还可能使研究者丧失反省的意识和能力。一种有生命力的理论，最后蜕化为意识形态，也是从这里开始的。几年以后，我再读《“法”辨》的时候，文中的一些词句开始变得“刺目”，甚至让我觉得别扭，这种感觉是我最初写下这些词句的时候所没有的。我意识到自己变了，尽管这并不妨碍我继续运用贯彻其中的研究方法，也不妨碍我在许多具体问题上仍然坚持原来的结论。我开始从一个新的也是更具反省意味的立场上去理解和把握传统，对传统与现代的关系的看法也不像从前那么简单和武断，而比这些更重要的是，这种变化不是盲从或者赶时髦的结果，而是出自耐心的研究和严肃的思考，出自一种学术的和理性的开放立场：既不轻易放弃自己的研究所得，也不固守自己的结论，而是以公平心对历史，对古人，对他者。当初，我并不掩饰自己对传统的一般否定态度，但我非常明确地告诉自己，也告诉别人，要批判传统，须要先了解传统，知道传统究竟是怎样的，而这需要有一种平心静气的学术的态度。我就抱着这样的想法，开始写一部关于中国古代法律传统的专书。

一本书

大约是在 1983 年，我读了黄仁宇先生的《万历十五年》。这本书给我的印象非常深刻。一部资料翔实的历史著作，能够写得如此生动而不失学术水准，已属难得，更不用说有一种视野宽广的历史思考贯穿其中。不过，我最欣赏的恐怕还是作者那种论列历史的高屋建瓴，驾驭史料的从容不迫，以及，那种既切近历史同时又与之保持距离的学者姿态。黄氏在书中反复指陈传统社会组织上的弊病，但并不把现代人的立场强加于古人，他的书绝没有大陆一些历史著作中常见的那种傲慢、自负，甚至张牙舞爪、盛气凌人。我欣赏黄氏的学者风范，因此，当我在1988年夏天着手写《寻求自然秩序中的和谐》一书时，有意将我在《万历十五年》中感受到的那种史学精神贯彻到自己的历史叙述中去。我确实这样做了，尽管实际上做得不够好。

这是我第一次直接处理一整本书，这种经验同写单篇文章的不太一样。我先列出若干重要问题，然后就一个问题接着一个问题，一章一章地去写。然而，我并没有能够按部就班地写完整本书。因为在写作过程中，原先的想法不断受到修正，写作构想也在不断地调整，逐渐地，我觉得自己开始掌握一种历史叙述的风格，一种在历史中进退自如的距离感。我开始学会退后一步去观察，学会通过历史情景的置换去理解古人，学会在历史的叙述中从容地表达已见。这时，最初那些立场上的僵硬和表达上的生涩便慢慢消失了。也是在这一过程中，我对于中国古代思想世界和生活世界的看法开始发生变化。我想我开始了解古人的想法，知道了一些他们为什么要这样做或者那样做的理由。结果，一方面，一个比较完整的具有内在根据和内在联系的古代世界的图像，逐渐在我的思想中成形。另一方面，我更加意识到，单凭自己的好恶去裁判历史是危险的和不公正的，那些热衷于影射的历史学者，既失去了对于历史真实的了解，也丧失了学者的品格。我这样说，并不是反对历史研究中的现代意识，事实上，任何人都不可能不受当下问题和情境的影响。我所反对的，是把学术研究中的这两个维度完全混淆在一起的做法。我在写《寻求自然秩序中的和谐》的时候，确实感觉到，我在那里讨论的问题许多也是现实中的重大主题，但是意识到这一点，只是令我更加警惕，防止把历史问题与现实问题简单地等同起来，使学术研究情绪化甚至意识形态化。不久前，《寻求自然秩序中的和谐》经修订后重新出版，一位学界的朋友对我说：80 年代，大家热衷于启蒙，批判传统，那时就能写出这样冷静和理性的书来，可以说是开风气之先。这位朋友过奖了。拙著再版，是因为有社会需求，拙著修订，原因之一却是因为其中仍不免有情绪化简单化的痕迹。而且，即使经过了这次修订，细心而敏感的读者，也许还是能够从中觉察到我刚刚在上面描述过的认识转变。

拙著究竟是一本什么样的书？它提出了什么问题，以及它如何提出问题和从哪里进入问题？如果说，它是一部名副其实的“中国传统法律文化研究”，就像它的副标题所言明的那样，它与以往的中国法制史研究有什么不同？与时下一般以“法律文化”相标榜的论著又有何区别？这些答案恐怕只能通过阅读来获得，而且，见仁见智，我的回答也未见得比读者的更好。尽管如此，我还是想把自己的看法写下来给读者参考，原因是，第一，如果不了解这些问题，读者就没有办法了解我后来所做的事情。第二，我此刻要做的不是去罗列和复述书中的观点，而是讨论具体观点后面的东西，这些东西虽然重要，但是最容易被人们忽略。最后，也是最直接的原因是，我的看法是现成的，我是说，我已经有一篇现成的文章（即新近发表的拙著“再版前言”）在那里，所以，现在只需把它稍加剪裁搬过来就可以了。如果有的读者已经在拙著的新版本中读到了这段文字，那他或她可以略去下面的段落。

正如我自己曾经一再强调的，本书是一种所谓“事实研究”。然而，这样说究竟是什么意思呢？是说我所做的就是完全客观地观察和描述“历史事实”吗？如果是这样，就可能引出下面问题：我们实际上有可能不偏不倚、不存任何偏见地去研究“事实”吗？而且，是不是真的有这样一种“事实”在那里等着我们去发现呢？卡西尔认为，历史学的事实是符号性的而非物理性的，这种事实只存在于历史学家的工作当中。其实，不只历史事实如此，当下的事实也是如此。格尔兹指出，人类学知识的源泉不是社会实在而是学者们的人造之物。说到底，无论历史学家还是人类学家，他们所面对和处理的“事实”都是文化的，因此也都是符号的。而“发现”和了解这种事实的唯一办法，不管我们承认与否，只能是解释。那么，解释有可能不偏不倚、完全客观吗？如果我们承认人的有限性，则我们的回答就一定是否定的。事实上，现代阐释学正是基于人类存在的有限性而建构其认识理论的。说到这里，人们也许更有理由追问，既如此，你所说的

"事实研究"到底是什么意思？与其他人的法律史研究相比，它又有什么特别之处？

"事实研究"这种提法，一方面可用以标示本书的性质，同时也可以用来强调研究者的立场，即旨在辨别异同而不是比较优劣，说得更明白些，本书所关注的不是"应当怎样"一类问题，而是"实际怎样"以及"为什么这样"的问题。当然，这样的问题也可以不同方式提出，比如历史学的方式，或者，社会学的方式。而本书所采取的却可以说是解释学的方式。这首先是因为，我从一开始就把所要探究的"事实"自觉地视为文化的和符号的。这就是为什么本书的副标题写作"法律文化研究"。

"文化"的定义很多，我比较倾向的是格尔兹一派的观点，即把文化视为一个符号学的概念，认为文化就是人们自己编织并且生活于其中的所谓"意义之网"。这样一来，我所谓"事实研究"就不是"一种寻求规律的实验科学，而是一种探求意义的解释科学"（格尔兹语）。当然，历史研究不同于人类学研究或者哲学研究，况且本书原本不是按照某种人类学或哲学观点来设计的。那么，是什么使我把它说成是"解释的"？换句话说，本书采用的分析方法在哪些地方表明了所谓文化的立场和解释的取向？

用我当时习用的说法，本书所要探究的乃是植根于特定"文化式样"中之特定的"法的精神"。文化式样的说法，暗示文化是在不同类型的意义上来把握的。文化类型由长期的历史经验中形成，其中，一个社会的早期经验尤其重要。文化类型概念的提出，有助于我们从文化内部的立场去了解一种文化。而“理解一个民族的文化”，正如格尔兹所说，“即是在不削弱其特殊性的情况下，昭示出其常态。（我越是努力地仿效摩洛哥人所做之事，他们就越发显得合逻辑，富有独特性，）把他们置于他们自己的日常系统中，就会使他们变得可以理解。他们的难于理解之处就会消释了”。显然，这种可以称之为“同情的了解”的立场，也是所谓“事实研究”的题中应有之义。

本书采用了一些拟人化的说法，如谓“文化性格”“法的精神”“文化选择”等等。我相信，文化类型在某种意义上也是人们选择的结果。这种选择不仅表明了人们的好恶，而且表明了他们关于生活意义的思考。从这个角度看，则包括法律在内的社会制度就不仅仅是安排社会生活和解决社会问题的工具和手段，它们同时也是特定人群价值追求的某种显现。换言之，法律并不只是解决纠纷的手段，它也是传达意义的符号。当然这并不是说，一个社会中法律的内容和形式与这个社会的物质发展状况毫无关系，而是说，法律从来都不是物质发展状况的简单反映。归根到底，法律是人创造出来的，而人对于世界的反应必得通过文化这一中介。法律因此而秉有“客观”与“主观”、“反映”与“创造”两重性质。以往的中国法律史研究，或多或少都是由“客观”的方面入手，而不注意法律的符号意义。本书的进路正好与之相反。它并非不理会法律的社会功能，但是它更注重的是其文化意义，或说“制度的文化性格”。所以，它总是追问法律安排（既包括内容，也包括形式）后面的“根据”。直到今天，我仍然把这一点视为文化分析的要义之一。

以往的法律史研究，因为主要从客观的方面入手，多半趋于求同，即把世界上各种不同的法律制度，分配于统一的人类发展图式的各个不同阶段上，其中的差异，不过只是程度上的。这里所包含的预设也在很大程度上支配了中国法律史的研究，不论这些研究是否以“比较”的面目出现。本书以“法律文化”相标榜，正是要导入一种新的研究范式。据此，求同为辨异所取代。同中之异被强调，而且往往被认为不可通约，因为它们出于不同的文化类型，而这些类型本质上是不可通约的。这里，对文化类型的强调，不但暗示要反对比如“西方中心主义”一类文化和种族的“中心主义”，而且表明将反对现代人自以为是的“现代中心主义”。问题是，以往关于中国古代法“是什么”的论说带有太多不自觉的文化的和时代的“偏见”，这又使得本书中关于“是什么”的论说往往要从“不是什么”开始，结果是加重了它的辨异色彩。

作为一种有效的方法，辨异往往从严格的语词分析入手。我假定语言与文化的关系密不可分，假定一个民族的语词浓缩了这个民族的经验，以至人们可能沿着语词的轨迹追溯乃至再现这个民族的历史与文化。在此背景之下运用的语词分析方法，既是批判性的，也是建设性的。批判性的一面，主要表现在有关“不是什么”的分析中。如上所述，以往关于中国古代法“是什么”的研究因为受各种偏见影响，颇多似是而非之处。这方面最明显也最常见的事例就是将现代学术的概念和术语硬套在历史材料上面。又由于通行的所谓现代学术概念、范畴和分类基本上来源于西方，上述做法就不仅是“现代中心主义”，同时也是“西方中心主义”的。本书就法、法律、道德、公法、私法、刑法、民法、法治和自然法等概念所作的辨析，首先就是针对这种情况。这是进入“事实研究”的第一步。

语词分析同时具有正面的和建设性的意义，这一点显而易见。本书关于国、家、刑、法、律、公法、礼法、自然、礼、义、利、公、私以及治人与治法等概念的分析可以为证。然而，字源的考证与字义的辨析既不是我所谓语词分析的全部内容，也不是本书的主旨所在。它们只是帮助我深入不同经验世界的一些必要和有效的办法罢了。一个与此相关的问题是，这种借助于语词去了解他人的观念，进而深入不同经验世界的做法，是否就是历史家们常说的使自己置身于另一个时代，依当时人的概念和观念而不是我们自己的概念和观念去思考？据说，只有这样才可能确保历史的客观性。但这显然不是我所要追求的目标。上面的讨论业已表明，这种所谓历史的客观性乃是虚妄的，因为任何人都不可能脱离开自己的“视域”去观察和了解世界。因此，问题就不简单是怎样丢弃自己（它既无可能也无必要)，而毋宁是如何在置身于某种历史视域的同时，既超越自己固有的视域，也超越此一历史的视域，并通过此二者之间循环往复而又富有成效的对话实现某种更高程度的统一。语词分析的重要性在这一点上也表现出来。当然，它的内容在这里远不止于对字词的考辨，而是包括对我们惯常使用的许多似乎具有无可辩驳之普适意义的概念、范畴、分类、原则乃至学说的重新审视。由于概念和范畴（更根本地说，语言）是我们观察和认识世界必须依靠的中介，这种知识自觉意义上的语词分析就成为理解的先决条件。又由于这里对语言的重新审视是借助于各种特殊经验（各种不同的视域）来进行的，最后达致的结果就可能总是富有新意的。

解释学的立场如此强调认识活动中的主观性，以至否认有那种外在于人并且与人类认识活动全然无关的所谓"客观实在"，这是否意味着解释活动无所谓客观性，解释的结果无从衡量，因而解释也可以任意而为？应当承认，解释性知识不像科学知识那样可以累积性增长，毋宁说它更接近于艺术性知识。"诗无达诂"，解释的可能性也是无限的。不过，解释有好坏和优劣的差别，"对于任何事物——一首诗、一个人、一部历史、一项宗教仪式、一种习俗、一个社会——一种好的解释总会把我们带入它所解释的事物的本质深处"（格尔兹语）。在格尔兹那里，好的解释不但是层层深入和论辩巧妙的，而且是具有客观性的，他通过使符号形式的分析尽可能紧密地与具体的社会事件和场合，即普通生活的公众世界联系在一起，来抵制主观主义和神秘主义。格尔兹所提示的原则也适用于历史研究，只不过，历史研究不大可能建立在直接观察上面，所以，历史解释的客观性部分要靠坚实的材料来保证。当然，材料本身并不能说明什么，意义只能通过解释得出。同样，遵循那些材料运用中最起码的规则只是防止任意妄为的基本条件。这些规则并不能告诉我们选择什么样的材料和怎样组织这些材料。在 80 年代，甚至直到今天，我们经常能够看到那种语录式的文化研究，即从一些历史人物的思想和言论出发去构想所谓中国文化。这种方式的解释，即使合乎语词解释的规则，也注定是缺乏说服力的。因为文化乃是内涵丰富的复杂整体，而思想只是其中的一小部分，况且一种言论或者思想的含义经常不很确定，同一个人的言论和思想也往往前后不相连贯甚至自相矛盾。结果，这类研究引致的混战和造成的混乱几乎无限地超过它们可能取得的成绩。本书小心地避免落入这种陷阱，尽管它同时也非常重视历史上的思想。我采取的办法是，把思想史的材料同制度史以及稍低程度上社会史的材料放在一处，在其中寻找共同的东西；探查同一时代各主要思想派别争论的问题，看它们所争的是什么，不争的又是什么；追溯那些在历史上长期困扰和激动人们的主题，看在无数细小和重大的变化之中，可有什么是不变的和很少变化的。在我看来，那些共同的、不争的和不变的，即是这文化中埋藏较深也较具恒久意义的东西。这里，强调学科的和材料的分界是没有意义的，器物、思想、文字、言辞、事件和行为，所有这些都是符号，问题只是如何通过一种好的解释把它们连缀成一个有意味的结构。

《寻求自然秩序中的和谐》是我的第一本个人著作，也是我试图系统阐释中国古代法律传统的第一次尝试。尽管因为种种原因，这部书并不能够令我感到满意，但它在我的研究经历中是很重要的。《比较法与比较文化》一文所宣明的立场，《“法”辨》一文所运用的方法，都在这本书里得到了更加系统和彻底的贯彻。通过这本书的写作，我第一次形成了关于中国法律传统乃至中国文化传统的相对系统的看法。更重要的是，在这次长达一年的写作过程中，我完成了一次思想转变，这种转变主要不是表现在个别结论上，而是体现在一种更加成熟的历史意识和更加自觉的学术立场上面。从《比较法和比较文化》以及《“法”辨》开始的探索，到此告一段落，而这一段的研究经历，一面为我后来的反省提供了材料，一面也为我下一步的研究奠定了基础。

三项研究计划

对我来说，从 1985 年到 1988 年的三年，是一个紧张、多产但又极其艰苦的时期。教书、读书、写书，还有各种社会交往，学术活动，它们占据了我差不多所有的时间，也几乎耗尽了我的心力，因此，当我终于写完《寻求自然秩序中的和谐》，登上去纽约的飞机的时候，只想停下来喘一口气。

我于1988年9月至1989年4月在美国的哥伦比亚大学法学院和哈佛大学法学院做访问学者。在那段时间里，我去得最多的地方，除了图书馆，就是书店和博物馆。身在一个国际性大都会，一面目睹和感受着现代化的成就，一面又有机会经常去亲近人类历史上各个不同的文明（虽然只是通过接触那些文明的遗迹），那种感觉是很特别的，况且我来自于中国，又刚刚“走出”古代文明。回来后，我曾写了一些杂感，记录当时的见闻和思绪，这些文字最后也结了一个集子，名为《观察者》，由浙江文艺出版社出版。我不知道人们会怎样看这类文字，它们不但不是论文，甚至连学术性也谈不上。不过，即使是这样的文字，也从一个侧面揭示了我的学术路向。因为对我来说，学术与生活并不是可以完全分开的两件事。读书和写作是我生活中不可或缺的内容，学术则是我思考和表达时惯用的方式。采用这种方式能够防止偏狭、片面、简单化和意气用事，但要了解我在学术上的关切和选择，还必须走进个人的日常生活和情感世界。在美国的那段日子里，我读的书并不多，但只要读书，总能激发连绵的思绪。逐渐地，有一些新的研究计划在我心里变得清晰起来。我不满足于“事实研究”，而希望在此基础之上做进一步的“价值研究”，在此之前，我还想就已经完成的“事实研究”做一个方法论上的总结。关于后一个计划，我想用三年的时间去完成，对前一个计划，我却打算花十几年甚至更长的时间来做准备。也许，这是一个终身的研究计划，所以我并不着急。

从美国回来后，我在教书之外，继续读书和写作，并且在1992年出版了两本小书，一本就是上面提到的旅美杂记，另一本《法意与人情》也是一个短篇集，其中部分新写的文字为我将来的一项研究开了个头，这一点下面还会谈到。1993年，长篇论文《法律的文化解释》发表，第二年，在这篇论文的基础上编成的同名论文集也由北京三联书店出版。这样，上面提到的第二个研究计划就算完成了。

《法律的文化解释》是我对自己以往研究的一次总结，也是从方法论角度去定义"法律文化"研究的一种尝试。我从"用法律去阐明文化，用文化去阐明法律"的大原则出发，到写完《寻求自然秩序中的和谐》，一直关注于具体问题。表面上看，这些具体的研究之间并没有紧密的关联，但从方法论的角度看，它们之间的联系可以说相当密切。从某种意义上说，"法律文化"的立场本身就是一种方法论，只不过，如果只停留在"用法律去阐明文化"的水平上，这样的方法论就必然是粗疏的和缺乏理论性的。也许，说它是一种指南更合适。实际上，我就一直把它当作研究的方向和指南。问题是，如果具体的研究足够深入，研究的范围足够广大，特别是，如果研究者不乏反省的意识和能力，这种立场或者指南中的方法论意蕴就会变得丰富和突显起来。最初，我只是用“法律文化”的说法来概括自己的学术兴趣或者研究范围，但在写完《寻求自然秩序中的和谐》以后，我不再满足于这种平面的单向度概括了。我已经积累了不少心得，感到有必要对它们加以清理和总结。

这是一次令人难忘的经验。虽然我一向不缺乏自省意识，但像这样把自己的研究对象化，然后以多少是系统的方式去研究它，在我还是第一次。这种做法的真正意义，不在于一个人能把自己的学术实践“拔高”到什么程度，甚至，也不在于这种实践对于现有理论可能有什么样的贡献，而在于研究者有可能通过这种自我研究真正了解自己的工作，了解这种工作的性质，知道它的力量所在，同时也意识到它的局限性。因此，虽然《法律的文化解释》一文引用了哲学解释学、文化人类学和法国年鉴学派等各家观点，我却并不在意自己的研究是否或在多大程度上合乎这些理论，我更关心的是这些理论的说明力，是它们本身的合理性和说服力。在完成了这番探究之后，再回过头来看自己的研究，可以发现其中的许多问题。比如，意识到自己的“解释”立场，并对所谓“解释”的意义有了更深的认识之后，我会注意到，过去我对于自己的立场并不总是有充分的自觉，因此，有时我所犯的错误，正是我批评的别人常犯的错误。这意味着，我的工作还有改善的余地，而且，如果所谓“文化解释”的方法确实具有我所认识到的那种合理性的话，它也应当被用来分析更多的个案。当然，也有相反的情况，即透过理论更清楚地认识到特定研究方法的有限性。任何理论都是有限的，就好比任何角度都只能触及事物的一个方面一样。一个理论最具特点也最有力量的那一点，恰好也标示了它的限度。在这一意义上说，一种理论的合理性不在其本身，而在其运用，在于它是否在适当的地方得到适当的应用。“文化解释”的方法突出“意义”和“解释”，反对流行的功能分析和肤浅的科学主义信仰。然而，这并不意味着功能分析一无是处，“文化解释”所反对的，毋宁说只是功能分析的滥用。在以往的研究中，我并未排斥功能分析，我只是在特定场合更强调文化，更强调意义。人创造了文化，同时又为文化所塑造，人在根本上是一种文化动物。既如此，我们就不可能离开文化、符号和意义去谈论人、理解人。在《法律的文化解释》文中，我对这一点认识得更加清楚了。但也是在同一篇文章里，我谈到了任何一种理论和方法都固有的局限性。我承认，文化分析的方法并非唯一可能的历史解释，它只是我们观察世界的许多方法中的一种；文化解释与社会学的分析可以互相补足，进一步说，任何一种社会科学的理论和方法，在与之相应的范围和限度之内都是有效的分析工具。这种看法在根本上源于对人类经验和认识的有限性的体认和确信。因为有这种确信，我不可能盲从任何一种大理论或元理论，更不至于狂妄到认为自己能够创造或者掌握这样的理论。相反，我乐于承认自己的局限性，并且不忘经常地反省，看自己是否过度运用了某种分析方法。同时，我也会注意其他分析方法的合理性，而不是固守一端。这样做不是讨巧，也不是和稀泥，如果破除学科的界限，综合地运用不同的方法，有助于提出更有意思的问题，加深人们对世界的了解，我们有什么理由不这样做呢？

我说这些并不是空发议论，而实有所指。《寻求自然秩序中的和谐》虽然注意到了文化的分层，甚至强调了比如“君子”的文化与“小人”的文化之间的相互作用，视之为理解文化性格的重要线索，它的主要注意力还是在国家的、士大夫的和精英的层面。这当然很重要，国家的、士大夫的和精英的文化毕竟是居于主导地位的传统，它对于下层民众以及民间文化的影响力不容忽视，而且，运用文化解释的方法来分析这一主题显然也更为恰当。问题是，讨论中国文化或者法律传统，只关注上述“大传统”是不够的。同样，要了解真实的人类世界，只谈论文化和意义也是不够的。人的生活同时包含了精神与物质的不同方面，这些方面无法完全分离开来。法律也是如此，它不仅表达意义，而且也解决问题。

在《寻求自然秩序中的和谐》一书中，我用了不少篇幅来讨论所谓“民法”问题。我不同意关于中国古代法的某些简单化说法，如谓中国古代法“民刑不分”，古代民法不发达，或者，古代法典都是刑法典。这些说法貌似有理，实际都暗含了一个假定，即民法和刑法的分类普遍存在于不同的历史和文明当中。如果再进一步，我们还可以在这一假定后面找出更多的普遍性的假定，而正是这些假定，把中国历史弄得面目全非。我试图证明，即使中国古代法中有一些类似民刑之分的区分，它们所依循的标准和根据也是完全不同的；而除非了解了古代法的基本精神，我们又不可能了解那些标准和根据，不可能真正了解那些区分。我还试图证明，在中国文化的语境或者逻辑中，“民法”或者“私法”这类语词本身就是一种自相矛盾。中国历史上不仅没有产生“民法”，而且不可能产生“民法”。我相信，在整个论说过程中，有一些新的东西被揭示出来，尽管我现在并不完全满意当初的论证。问题是，这种否定式的论证较少正面地涉及历史上存在的东西，也没有能够真正进入普通民众的日常生活，考察当时人们用来满足其需要的制度手段。对于一项旨在全面了解中国古代法传统的“事实研究”来说，这几乎是一种不可原谅的遗漏。我没有理由因为主张中国历史上没有所谓民法，而把大量的法律材料弃置不顾。如果说，当初我之所以把重点放在“大传统”上，除了材料上的原因，主要是因为文化解释的分析方法用在这一领域最为恰当，那么现在，要丰富和完善这一关于中国古代法传统的“事实研究”，我必须走出“大传统”，同时重新检验我的方法论。这个想法在我完成《法律的文化解释》一文时就已成熟，并且在不久之后被付诸实施。

1995 年完成的论文《清代习惯法研究》实现了从“大传统”到“小传统”的转变。我开始关注民间法，关注习惯，关注民间制度与国家制度之间的关系。总的来说，这是一个日常生活的世界，也是一个更多受实用理性支配的世界。在这里，人们似乎可以放心大胆地使用诸如所有权、债务、抵押、契约等一系列现代民法中的概念，也可以由这些民间制度的社会功能出发，说这就是中国古代的民法。我承认，在这个民生日用的世界里，社会制度满足日常需求的功能要素必须受到重视，但这并不意味着我应当放弃先前的研究、方法和结论，重新回到功能分析上来。我们不能因为两种制度具有相似或者相同的功能，就对它们在其他方面的深刻差异视而不见。其实，名称并不重要，但是如果人们因为使用同一名称而失去了辨识事物真实性质的意识和能力，正名就是第一件要紧的事情。在《清代习惯法研究》文中，我继续做辨名的工作，但是范围已经大为缩小，因为这是以往的法制史研究涉足未深的领域，一个学术上的边缘地带。我依然觉得，概念、范畴和分类的选择是研究者无法回避的重要问题，这里，同样存在解释学处境的问题，同样要求解释者对于自己所处的位置有深刻的反思。我还发现，民生日用的世界里一样存在意义问题，就好像“大传统”上的制度安排也具有功能性一样。因此，问题不在于到底应当选择文化解释的立场还是功能分析的方法，而在于如何调和这两种方法，在适当的地方适当地运用它们。

对我来说，从“大传统”转向“小传统”，其意义并不只是弥补了以前在讨论“民法”问题时留下的缺憾，它还为我开辟了新的研究空间。如果说，我以往的研究早已脱出了一般法制史的研究范式，它基本上还停留在“大传统”的层面。现在，我开始从民间（而不止是“小传统”）的方面去看古代的法律世界，情形又有所不同。它让我看到了法律生活的另一面，一个同样真实同样重要的方面。在研究清代习惯法的时候，我想到的不止是清代，也不止是习惯法，而是整个古代中国的法律传统。这个传统是由多个方面多种源流组成的，不了解这一点，就不能够真正认识中国古代的法律与社会。这个问题同时也涉及我们对于现实世界的认识。如果只是着眼于“大传统”，在讨论现代社会中传统的问题时，自然会比较强调观念和行为的方面，而从“小传统”入手，却不能不加强制度方面的考虑。这是因为民间知识形态有别于“大传统”上的知识形态，民间知识和制度的生存条件也与国家体制的生存条件不完全相同。即使政治变更，国家改制，正式制度完全改变，民间的知识和制度还有可能以不同方式长久地存在。在像中国这样幅员辽阔、内部发展不平衡的大国，这种情形更为常见。这些思考同时也把我引向国家与社会的关系方面，我开始在国家与社会相对关系的框架内，而不止是单从国家的方面去考虑整个问题。随着研究的深入，我越来越意识到这样做的重要性，因为，国家与社会的问题，恰是中国现代性问题的核心，从某种意义上说，它是我们了解中国最近一百年历史发展的一把钥匙。

通过对清代习惯法的系统探究，我为自己下一步的研究打下了一个比较坚实的基础。接下来，我会围绕上面的思考做一系列个案研究，事实上，这项研究已经开始，人们可以从我新近完成的两篇论文当中看出这项研究计划的轮廓。第一篇论文《中国法律史上的民间法》，实现了我在《清代习惯法研究》文中的一个允诺：对历史上民间法的源流加以梳理，并在此基础上讨论了中国历史上的法律多元格局。第二篇论文《乡土社会中的法律与秩序》直接切入当代社会，在国家与社会相对关系变化的框架中考察了法律的发展，这里，法律不仅代表强力，而且是被作为一个知识的主题来处理，讨论的重点，也从法律扩展到知识和秩序。

目前，我手边至少有三项研究有待展开。除了上面谈到的这项计划之外，我还想在历史上选择一两个重要文本，做更加精细的文化分析。此外，早已在《法意与人情》中开其端绪的法律与文学的研究也是我一直不能忘怀的题目，而在开始这些研究以前，我还有一个不大不小的读书计划。这意味着，计划中的“价值研究”将大大地推后。对此，我并不觉得沮丧。我不知道自己将来还有没有足够的时间和冲动去做这项工作，如果去做，我也不知道能否成功，我只知道，在基本事实还没有弄清楚的情况下，不可以侈谈价值上的优劣与高下。当然，也有这样的可能，那就是，我的所谓“价值研究”，其实就在“事实研究”之中。

几个问题

我从一个偏僻地方的少年，慢慢变成为一个学者，从无知、狭隘和满脑子教条，到学会用自己的眼睛看世界，用自己的头脑想问题，这实在是一个很大的变化。这个变化，一部分要归因于时代，另一部分则与个人的性情、禀赋和努力有关。我在上面谈到的，主要是后一个方面。因为个人无法左右时代，我们最多只能把握自己，而当一个人真正成长起来，时代也无法让他（她）改变。

回顾成长的过程，我发现，从中学到大学，从读研究生到成为一个学者，我一步步地走向“中心”，然而，与这一过程相平行，在学术发展方面我却把自己一步步地“边缘化”了。我读了四年的法律本科，最后却选择了一门距离法律最远的专业；我长期在大学法律系教书，也一直在研究法律问题，但我绝少参加法学界的活动，也几乎不在法学刊物上发表文章；我读的专业是“外国法制史”，研究最多的却是“中国法制史”，而我研究这门学问的方式又与“主流”的全然不同；我始终关注着同一主题，也一直没有离开法律研究，但我从法学走向史学，又从史学走向社会学、人类学，从“大传统”走向“小传统”，从“庙堂”走向“田野”。我这样做并非想要标新立异，“边缘化”也从来不是我为自己设定的目标，所有这些不过是我为实现自己的学术目标所做的自然的也是合情合理的选择罢了。不过，既然我已经从中受惠，就应把这段经历和经验写下来，以为后来者参考。

我在上面提到的，也是我所经历的，是一个双重的“边缘化”过程。首先，我慢慢疏离于法学和法学界，那只是为了让自己进入学术。然而，进入学术往往意味着进入某个具体的学科或者专业，意味着按照一套既有的规范思考和研究，这样一套规范能够保证学术的品格，但也可能压抑学者的创造力。这时，“边缘化”有可能把研究者从固定的思想模式中解放出来。对我来说，做出这样一种“双重边缘化”的选择是一个非常自然的过程。既然法律学一开始没有能够吸引住我，“外国法制史”未能征服我就是自然的了。我已经学会了用自己的头脑思考，也不在乎离经叛道。此外，还有一个重要原因，那就是，我实际上没有受过真正严格的规范训练，无论大学本科还是研究生阶段，我所接受的那套教育都没有能够为我提供这种训练。我差不多是自由自在地度过了我长达七年的大学教育。这种机遇现在恐怕不再有了。但这究竟是一件好事呢，还是一件坏事？这真的很难说。我的许多经验都可以说明，一个人的长处其实也是他（她）的短处。一种禀赋、经验或者能力，运用得当就是长处，运用不当就是短处，全在乎个人。有些人受过很好的训练，但很平庸，另一些人“自学成材”，敢想敢写，但就是不能成就真正的学术。这两种人我都见过不少，足见严格的规范训练可以成人，也可以误人；没有拘束的发展不一定培养出有创造力的学者。那么，究竟是什么能够保证我们恰如其分地运用自己的禀赋、经验和能力，帮助我们把短处变成长处呢？对自己严格，对学术忠诚，对他者公平，还有，足够的反思意识，某种平衡与综合的把握能力，甚至，某种感悟力，我想，这些是最基本的。

谈边缘化自然涉及规范，就像上面那样，只是，我在这里说自己得益于“边缘化”，在其他地方又鼓吹“规范化”（两年前，我曾经在《中国书评》上发表过这方面的观点，有兴趣的读者可以把这本刊物找来一读），岂不是自相矛盾？其实不然。边缘化讨论的是个人为学的经验，规范化所针对的却是建立学术秩序的问题。如果有了学术秩序，各种伪学术的、反学术的和干预学术的活动就可以被抑制到最小范围，这在今天的中国是一件极有意义的事情。有人说规范只能保证最低限度的学术，也有人说大师不必受规范约束，这些我都同意，但我仍然鼓吹规范化，因为我们周围学术失范的现象很严重。有人把学术规范理解为一些僵硬的规矩，这至少是以偏概全。学术规范能够帮助初学者入门，让人们了解学术，尊重学术，培养人们对学术的爱好和忠诚，而一个人在具有了这些质素，把握了学术的真精神之后，无论他（她）怎样创新，总是在为学术做贡献。“边缘化”往往会打破既有的规范，但它仍在学术之中，而且可能推进学术。

几年前，我曾经以“读书、教书、写书”为题做过讲演。这个题目是我多年生活的写照。现在，我暂时不再教书，但仍在读书和写书，实际上，我可以永远不教书，甚至也不写书，但不能不读书。我的一位旧友说他的愿望是做一个思想家，而我，只要做个读书人。这是一个很小的心愿，也是一个很大的愿望，因为它需要我毕生去争取和维护。我很惭愧，并不是因为我有这样一个不起眼的愿望，而是为自己读书太少。我这样说，绝非谦虚。我年少时求知心切，苦于无书可读，现在坐拥书城，却少有读书的时间。对我来说，读书可以分为两种：一种是自由的阅读，一种是有目的的阅读。前一种阅读是无功利的，随心所欲的，后一种则是目的明确的。我说的"少有读书时间"指的主要是前一种情况。这些年，我读书大多是围绕写作展开的，虽然在此过程中也能学到不少东西，但失去的可能更多。我已经讨论过思想与写作的关系，这种关系同读与写之间的关系有联系而且很相似。随心所欲的阅读是令人愉快的，但是长时间地沉浸在这种状态中可能使人的思想过于散漫，既不能集中也难以深入，相反，功利性的阅读产生效率，但要是没有自由的阅读来调剂，思想会变得僵化，读书也可能失去乐趣而成为一种负担。显然，两种阅读以及读与写之间应当有一个适当的平衡。一个与此有关的问题是，通过读书积累知识，究竟到什么程度才算具备了著述的条件？有的人学富五车，文章传世，就是写得太少。有的人喜谈大问题，喜作大题目，但是这些问题和题目显然超出了他们的学识和把握。我们会为前一种人感到惋惜，为后一种人感到遗憾。但我们仍不能确定知识积累与写作之间的适当的度。我只能说，知识积累的数量与研究深入的程度之间并没有固定的联系。如果一个人已经具备了写的基本条件，写得好坏将在很大程度上取决于写作者运用知识的能力，而不是知识的多寡。因此，能力的训练和培养，是一件比简单地积累知识更要紧的事情。

学会用学术的方式思考和表达，需要长时间的训练和积累。在我们写出第一篇成熟的东西以前，有一个长期的不为人知的学习和思考的阶段。这个道理，讲出来大家都容易明白，但在实际生活中，人们不一定都按照这种道理行事。通常看到的情况是，一个新秀崭露头角，引起大家的注意，于是，各种稿约、邀请和（最后是）采访纷纷而至，人们似乎认为，一个人写的第一本书或者文章好，他（她）的第二部第三部作品一定也好。不仅如此，人们还经常以为，一个人学术文章作得，随笔杂文也一定作得；书斋里有成就，媒体上也一定表现不凡。结果，一个凡人必须变得无所不能，否则就没有办法满足社会的要求。对一个学者来说，这种情形是一个很大的诱惑，也是一个很大的危险。除非能够适可而止，他（她）可能不再是一个学者，而变成一个社会活动家或者其他什么家。当一个人到了没有时间读书，也无暇思考的时候，他（她）如何保证自己的学术水准呢？我这样说并非主张学者应当完全拒绝外面的世界。其实，成功带来的“外部效应”对一个学者并不简单是一件坏事，相反，没有人可以交流，终日枯坐书斋，最后会让人窒息。两方面的事例我都见过（其中尤以前者为多）。我自己的经验是，一动一静，两个极端均不可取，若能在动与静之间取得一种适当的平衡，就能同时在两方面受益。我曾经提到来到北京和进入知识界对我的积极影响，都是着眼于动的方面。因为参与各种学术活动，也因为与外界交往扩大，不但机会增加了，眼界也扩大了。很难说我的思想发展和学术选择哪些是坐在书斋里构想出来的，哪些是在与外界的各种交往中被刺激和激发出来的，只能说，没有书斋以外的学术经验，就不会有今天的我。因此，问题不在于应当选择动还是静，而在于如何保持动与静之间的恰当平衡。自然，这也是一个因人而异的问题。我的基本原则是：不了解的事情不谈，费时多受益少的活动不参加，没有实质意义的事不做，不要让自己太委屈太勉强，该说“不”的时候就说“不”。当然，有许多活动和事情并非无益，我之所以放弃它们只是因为没有足够的时间和精力。

说到做事的有益无益，自然涉及评价的标准，而标准可以是不同的。同样是有益之事，有些人做，有些人不做，有人此时做，彼时不做，多因为做决定时考虑的因素或者采用的标准不同。我曾经做过并且正在做的一些事，比如主持一些学术活动或者筹划和编辑一些丛书，只从个人的角度看，完全是那种费时多而受益少的事情，但是这些事确实有意义，为此，我宁愿牺牲某些个人利益。当然，我也会在这两者之间求得折中。首先，我会尽量选择一个既有意义，同时又适合于自己的事情，而不会让自己感到太勉强。其次，即使做这些事要花费许多个人的时间和精力，我仍希望能够从中学到一些东西，同时，也让自己留有余力可以做个人的研究。最后，我必须承认，我不会让自己长期处在这种状态中，而会把多数时间留给自己。从根本上说，我把学问看成是一件个人的事情。我选择了学术的道路，选择了书斋这样一种生活方式，只是因为它适合于我，似乎我注定要去做这些事情。我当然希望我做的这些事情同时也是有意义的，也能对社会有所贡献，造福于他人。但是即便做不到这一点，我想我还是会做这些事。这就是我说的学问是个人的事情的意思。也许这就是人们所说的书呆子气。在我的印象里，从古到今，书呆子的形象一直不好，书呆子气从来都是一个贬义的说法。我倒以为，我们缺乏一种为学问而学问的态度，缺乏一种“爱真理胜过爱师长”的精神，缺少一种单纯的好奇心，都跟这种看不起书呆子的传统有关。我说这些，或者有为自己辩护之嫌，但是不管怎样，我坚持认为，好奇心是学问的基础，没有它，学问也好，学术也好，都没有办法立足。因此，我愿意为那些只知有自己的专业而不知有世界的人说一句话，他们并不比其他人更不像学者。至于自己，我还是希望调和两端，希望在单纯的好奇心与强烈的现实关怀之间找到一个平衡点，这既适合于我的性情，也适合于我的抱负。我最后选择了历史题材，选择了一条介乎历史与哲学之间的路线，可能也是因为这个原因。

我以往所做的研究，偏重于辨异，有些人对此感到不解，还有人表示惋惜。因为据说，同比异更要紧，求同比辨异更重要。我听到这类说法总感到有点迷惑。我不知道他们说的同是什么，异又是什么，也不知道为什么同的地位要高于异。在我看来，同与异都是相对的概念，它们在不同的层面和语境中可以被置换。事实上，在不同的历史、文化和社会中，同与异并存，而且往往是同中有异，异中存同，辨异的基础可能是同，求同可能正着眼于异。因此，求同还是辨异，关键要看我们想要了解和解决的问题是什么。只有先确定了目标，才知道应当采取什么策略。重要的是问题和问题意识。不了解这些，我们如何去谈论异同及其重要性呢？记得若干年前读穆勒的自传，对他在年轻时接受的那套经院式的思想训练印象颇深。这种训练使人思想严密和清晰，而这正是我们的学生甚至学者所缺乏的。

一个与此有关的问题是：究竟问题更重要还是方法更重要？应当先研究具体问题还是先掌握理论？有些人轻视方法论，认为那是纸上谈兵，更有许多人不关心理论，因为他们认为自己的研究与理论无涉；相反的意见则鼓吹方法论的重要性，强调理论的指导意义。我想，我不属于上述论争的任何一方，因为无论在理论上还是实践上，我选择的都是一条中间道路。我自己的研究是从具体问题开始，而且，我差不多一直保持着这种追寻问题的姿态。就在刚才，我还在强调问题和问题意识的重要性。但是，我并不认为具体问题的研究就是一切，我也不认为人们可以借口自己不研究任何理论问题而不关心理论。即使是最实证最细小的研究，也不能不关涉理论。拒绝理论的结果，只能是受各种常识和流行观念的支配罢了。当然，理论也不是一切。理论上的思考和方法论的创新都不能够代替对具体问题的探究。它们的意义在于培养并且保持研究者的反思意识，帮助他们了解自己的问题，并为他们指出一些解决问题的途径。在最一般的意义上说，一个人在睁眼看世界的时候，就已经先有了一种理论，否则，这个世界就是一片混沌，毫无意义可言。但这并不是说，我们必得先有了一整套理论，然后才可以去做研究。如果是那样，世界上就不会有研究这回事了。因为理论是各式各样的，不断发展和变化的。我们在理论的指导下去观察世界、搜集材料和作进一步的分析，同时也在检验和发展理论。反过来，透过理论，我们可以更好地了解自己的问题，并且尝试着用不同方式提出问题和进行论证。在此过程中，我们对世界的认识就可能变得更加丰富。这些，也是我在自己的研究中所经验的。

写到这里，我多少有一点意外地发现，其实我是一个谨守中道的人。在各种不同的选择当中，我总想调和两端而取其中。即使是“边缘化”，也不至于靠到无政府主义那一边去。仔细想想，这倒也符合我的性格：重理性，求公平。这些，再加上近乎古板的认真和信守原则，真的是很适合学术这样一种志业。不知道是学术经历把我训练成这样，还是这些品性让我亲近并且选择了学术。

写在《寻求自然秩序中的和谐》书后

《新波斯人信札》出版前后，我听到了来自各方面的意见。有提出批评的，有要求商榷的，更多的是表示赞许，且其中不乏过誉之辞。

对于这些意见，无论是褒是贬，我始终不置一词。

因为是写在两年以前，因为要服从丛书的要求，因为要迁就合作者，书便成了大家看到的那个样子。倘若是两年以后，倘能够完全按自己喜好的方式去写，这书会是另一种样子。今天，令我感觉安慰的是，我终于完成了这样一本“另一种样子”的书——《寻求自然秩序中的和谐——中国传统法律文化研究》（即将由上海人民出版社出版），希望人们能够在这里发见一个比较完整的我。

1986年初，我写了长文《“法”辨》（《中国社会科学》1986年第4期），这是我对于中国传统法律文化作系统研究的开始。两年后重读这篇文章，觉出有许多不如人意的地方，尽管如此，我对它仍有某种“偏爱”。这毕竟是个重要的开端。特殊的研究方法，兴趣专注之处，特定之写作式样与文字风格，所有这些都包含在这篇不到三万字的论文里面。它们开启了一条研究中国古代法律乃至于中国古代文化的新路径。

单纯地研究法律制度，我们便须承认，西方法律的发展，较中国法律的发展，内容更复杂和丰富，它们在各自历史上的重要性也颇为不同。就这一点来说，法律研究之于文化研究，在中国或不及西方来得重要。然而，法律实际上只是文化之整体的一个部分，法律的精神不能只以法律本身来说明，而要以文化各个部分的相互作用乃至于文化的基本性格来说明，这样来研究法律，我们的视野便须大大地拓展。而当我们的研究不只限于法律本身，还要进一步去问，某一社会的法律在这社会、文化及历史中的位置重要或不重要，究竟是因了什么造成的，这种状况的造成对于文化的整体来说，意味着什么，它们对于此文化的命运发生了怎样的影响，等等，这时，法律的研究便与整个文化的研究结合了起来。无论我们研究的是西方的法律还是中国的法律，所涉及的问题将同样复杂，研究本身也是同等重要的。

文化研究并非玄学，因为文化并不只是哲人的语录。建筑的式样，器皿图案的风格，丧葬的礼仪，日常生活的习俗，所有这些都是文化。我要寻找文化的基本性格，自不能将日常生活中的细节排除在外。

广义的文化几乎包罗万象。一方面有复杂的分层，另一方面又有统一的性格。文化的统一性正蕴含在其复杂性之中，因此必须在文化各部分的冲突、作用和发展之中去寻找文化的一致性。在表面上正相反的思想派别的后面，可能不乏共同的东西，那甚至正是这种表面冲突得以发生的前提。同样，在那些绵延久长的历史性争论的背后，也许有“不争”的价值做基础呢。当然，在具体的研究里面，文化分层的方法，应作抽象的程度，不同层次文化的重要性，总是根据论题的不同而有不同。这就好比材料的使用，有时，一条史料的真伪对于所要论证的问题至关重要，而有时，伪史的价值却又丝毫不低于信史。

倘我们能够调动不同门类的材料如文献、碑铭、实物；能够考察文化的不同方面如思想、制度和实际的社会生活；能够注意到与论题有关的所有现象如学说的分歧，价值的冲突，发展的矛盾；最后又在其中发现某种“一以贯之”的东西，一些未经过省察的传统，则我们便接近此文化的真性格了。

研究的一般性结论，可以也是前提。对我来说，最重要的前提或结论有这样一些：

1. 中国文化与西方文化的不同，并非如有些人所认为的是“古”“今”或社会阶段的不同，而是“类型”的不同。它们分属不同的文化类型。因此，无论是以“奴隶—封建—资本主义”的社会发展图式为中国历史的解说，还是以“权利—义务”一类的概念来说明中国古代的社会关系，都是危险的。

2. 文化的差异不是先验的，而是历史地形成的，由人类早期历史经验中产生的传统，对于文化未来的发展具有特殊的重要性。就好比枝叶繁茂的大树，其生长的内在可能性，一多半是包含在种子当中。在中国法乃至中国文化的历史上，文明的发轫期是一关键时期。

3. 产生于早期历史经验的传统，虽不足以决定此一文化后来的每一个发展阶段，却为其发展的可能性设置了种种限制。在社会变革的文化、社会、政治等因素里面，文化的因素更为根本。它不但先于社会和政治的变革存在着，而且事先确定了这些变革的范围。

4. 仅从内容着眼，社会的法律主要受着两种力量的影响，一是客观存在着的社会关系，一是对于这些关系所作的主观评判。社会关系如买卖、婚姻、继承、偷窃为许多社会所共有，人们的价值追求却各不相同。法律既反映客观之社会关系的要求，又服从主观的文化追求。比较法律文化的研究，因此是可能的和有意义的。

中国古代法是什么？为什么？

中国古代法不是什么？为什么？

《“法”辨》所讨论的，只是前一个问题。后一个问题与此有关，但毕竟是另一个问题。为了回答这个问题，我用了差不多全书二分之一的篇幅。我所讨论的实际是中国古代有没有“民法”或一般所谓“私法”这样一种制度，以及在中国古代社会的特殊文化背景之下，这样一种制度是否可能产生的问题。我的回答基本是否定的，为此做了大量的论证。

问题的关键在于，人们通常只注意到法律所调整的社会关系的性质和法律反映这种关系的一面，而完全忽略了由法律所产生的另一面：文化追求。后者反映的乃是主观对客观的评判，价值对行为的指导。这是法律的内在本质和价值依据，是决定一种制度根本上不同于另一种制度的东西（不管这两种制度表面上看有哪些相似之处）。因此产生而表现于法律制度中的差异是微妙而重大的。它直接关系到此种文化的特质，关系到这个文化的命运。

中国古代法发展中的一个重要因素，乃是法律与道德的关系问题。前辈学人如瞿同祖谈礼与法的关系，于其历史沿革多有论述。我所注意的则是在此基础之上发掘出材料的理论意义。我探究道德的法律化于中国古代人的道德意识有怎样的影响，了解法律的道德化于中国古代法律又产生了什么样的作用。何以黑格尔说中国的法律简直不是法律，而是扼杀法律的东西？为什么他要说中国人并没有道德？中国古代有无法学及法学家？有没有与西方所谓“法律职业阶层”（legal profession）相类的东西？等等。中国古代法没有像罗马法那样对于近代法律的发展产生积极影响（甚至在中国也没有），这是耐人寻味的问题。对这问题的回答就包含在上面的讨论当中。

因为研究方法的缘故，常能于普通惯见的史料之中发现在自己也是意料之外的东西；而就史料所做的重与解说，亦使我得出一些新的结论。每有新见，不免小小得意一番。然而我深知，我的研究是建立在无数前辈和同辈学人的成果之上的，其中，我要特别提到哈佛大学的张光直先生，他关于中国古代文明起源的创见予我颇多启示。此外如哈罗德·J. 伯尔曼（H. J. Berman）、李约瑟、黄仁宇、瞿同祖、马克斯·韦伯（Max Weber）、卜德（Derk Bodde）和吕思勉诸先生都是我经常引用的对象，他们的著述或给我启发，或为我提供材料的方便，或成为我论据的一部分，或是我批评的对象。但是不管怎样，与他们的“讨论”使我保有学术的敏感与趣味的高雅。在这种无拘束的“讨论”中，我们成为熟识的朋友。

自1985年在一篇文章里提出要以文化来阐明法律，以法律来阐明文化[1]以后，我一直沿着这条路径走下来。现在就要问世的这本书，力图把对文化整体的宏观把握，与对法律技术性条款和案例的细节研究结合起来，正是这样一种系统的尝试。当然，在这几年的过程中，有包括《“法”辨》在内的许多文章发表。其中值得特别提出的，是去年9至10月间我为《法律与宗教》一书写的译序：《死亡与再生》。原作者哈罗德·J. 伯尔曼极富原创性的思想，为我认识今日世界中之中国文化提供了一个新的角度，使我得以在一更高的层次上把握历史。译序的最后一节表明了我的思考。我的从《“法”辨》开始的中国法律文化研究和对中国文化的认识，至此告一段落。

这样一个相对完整的过程最终浓缩在本书里面。根据《“法”辨》进行的改写成为本书的一章，本书最后的“跋”则是《死亡与再生》最后一节的展开。

---

〔1〕 参见拙文《比较法与比较文化》，载《法辨》。

从1987年暑期动笔算起，到1988年9月最后交稿，写这本书整整用了一年的时间。在这段不算太长的时间里面，因为不间断地用脑，长时间地伏案工作，以及相当艰苦的居住条件，身体几乎拖垮，以致中间有一两个月的时间，写作完全停止下来。

现在，艰苦的时期终于过去，我不但摆脱了这一具体承诺的束缚，而且得享不再做出新的承诺的自由。在我看来，一旦做出时间上的承诺，创作的愉快便将消失，原本是自由的劳动将变为苦役。

至于此书进入社会以后命运如何，那不是我操心的事情，因为那时，书已不再是只属于我的了。

彼岸，不变的守望*

——梁治平先生专访

我们一次次地走，是为了一次次地归来。

——泰戈尔

编者按：梁先生虽非北大法学院的老师，但与本院有很深的渊源。其“用法律去阐明文化，用文化去阐明法律”的研究模式在法学界引起了很大反响。这次，几经辗转终能通过E-mail的方式对远在哈佛大学做访问研究的梁先生做一次专访，以飨读者，实感欣慰。下面是梁先生对记者提问的回答原文。

梁治平(以下简称“梁”)：首先，感谢北大同学对我的关心，也感谢《北大法律人》为我提供了这样一个机会，使我有可能同北大同学和其他一直在关心我的朋友们“交谈”。虽然我相信，对于下面要谈的内容来说，面

* 本文系书面采访，完成于2000年年末，采访者为杨旭，曾发表于《北大法律人》《人物》栏目。

对面的交谈方式肯定更合适些，但在目前这种情形下也只好如此了。

记者（以下简称“记”）：两年前，正是法律文化研究深入之时，您却登上了飞往美利坚的班机。年届不惑，且已在学界占有一席之地，是什么力量推动您不远万里，负笈他乡？

梁：坦白说，我不太理解你的第一个问题。这个问题似乎假定，人到四十，且在学界有“一席之地”，非有极特别的原因或者动力，一定不会负笈远游。（你用了“负笈他乡”这个字眼，甚至透出几分悲凉意味。）我看不出这个假定有什么根据。所以，我想把你的问题变成一个更直接、更简单的问题：为什么要出国游学？只是这样一来，似乎又没有回答问题的必要了。应该问的倒是一个相反的问题：如果有机会到国外一流的大学做访问研究，且无须承担特别的义务，何乐而不为？当然，时机是一个问题。实际上，我在1997年就已经收到哥大法学院的约请，但当时我手边的几个项目都没有最后完成，所以把访问推迟到了1998年。此前四五年，我除了做自己的研究之外，同时也主持“法律文化研究中心”的各项活动，主编《法律文化研究文丛》和《宪政译丛》，其中，为《宪政译丛》耗费的时间和精力最多。1998年夏天，所有这些工作都已告一段落，这个时候改变一下生活环境，对我是很合适的。

记：大家都很关心您在美国两年的经历。这段岁月中，您的学术思想发生了哪些变化，是否仍坚持“法律文化”的中国式比较法学研究模式？

梁：你的头几个问题都用了“法律文化”这个概念，但它们的含义显然不尽相同。在第一个问题里，你说的“法律文化研究”是你自己的概念，或者说是你自己对这个概念的理解，而我并不十分清楚这个概念的确切含义。在第二个问题里，你说的“法律文化”固然是指我所倡导的名为“法律文化”的概念，但我所倡导的“法律文化”概念同你在这个问题中提到的、其含义有待确定的“法律文化”完全是一回事吗？最后，在另一问里，你想要讨论的“法律文化”概念既不是你的，也不是我的，而是某个第三者通过阅读、归纳、简化得出的。鉴于此，我们的讨论可以从厘清这些概念开始。

你的第一个问题提到，我在两年前出国之时，国内的“法律文化研究”正当深入。不知道你所说的“深入”指的是什么，有哪些迹象（人物、学说、活动、出版物等）可以表明你说的“深入”。我也许有理由把“法律文化研究中心”的活动视为你所谓“法律文化研究深入”的一个根据。如果确是这样的话，也就是说，如果确实可以以“法律文化研究中心”的活动——当然不排除其他参照物——来了解“法律文化研究”的话，那么，这里的“法律文化”概念显然是极宽泛、极开放的。在“中心”组织的讨论会上，讨论的问题极为多样，参与者来自各个不同专业、学科，采取的视角也多种多样。这一点由

“文丛”，即“中心”出版物也可以看出。实际上，“中心”只是一个松散的学术群体。设立“中心”的宗旨，如我在为《法律文化研究文丛》写的《编者说明》中所说，“在于将私人交谈转变为公共话语，通过平等的交谈和论辩取得最低限度的共识，在此基础上建构自主的学术空间和建立学术共同体”。人们或许会问，既然如此，为什么命名为“法律文化研究中心”而不是其他什么别的“中心”？的确，“中心”名称的确定与我个人背景有关。首先，“中心”设立于我所供职的“中国文化研究所”之下，以“法律文化”命名之自然比较恰当。其次，也是更重要的原因，“中心”名称的确定与我所理解和倡导的“法律文化”概念确有某种关系。这种联系的一个重要方面就是法律研究的跨学科性和开放性。

我在不同的意义和层面上使用“法律文化”的概念。其第一层含义可以用我在《法辨》“自序”中的一段话部分地说明。“我所取的立场，简单说就是‘用法律去阐明文化，用文化去阐明法律’。这是一个很宽泛的原则，因为文化的概念本身就极有弹性。就更具体一层的方法来说，……我的研究主要是‘社会学’的，……也是‘历史的’和‘比较的’，……我无意为自己建构一个完整的体系，更不愿被‘理论’束缚了手脚。我需要一项原则作理论的支点，于是就把‘法律文化’作了自己的研究对象。更确切地说，我不是在研究‘法律文化学’，而是研究法律文化中的个案，研究可以归在这个大题目下面的种种具体问题。”这里，文化的概念差不多可以等同于社会和历史的概念。而我之所以强调这些概念，一个很重要的想法是要打破当时流行（也许现在依然流行）的法律观，突破“法律”的疆域，把法律看成是在历史上发展起来的文化和社会的一个内在有机部分，强调法律与社会其他部分之间的有机联系和互相作用。这种立场的改变在方法上自然要求对法律做宽泛的和跨学科的研究。直到今天，我仍经常在这一意义上使用“法律文化”概念，比如在被问及“研究领域”一类问题时，我通常提到的有“法律史”“法律文化”“法律与社会”等，而我的研究确实也一直可以归在这几个条目之下。实际上，这几个领域之间的关系非常密切，只是重点稍有不同。

在稍狭的意义上，我用“法律文化”概念来强调法律现象以及法律研究中观念的、行为模式的、价值评判的和意义系统的方面，这时，着眼点主要是社会变迁过程中制度（尤其是正式制度）、行为、观念等要素之间因为不能协调发展而产生的内在紧张，也涉及传统与变迁、传统与现代性一类复杂关系。我写的许多文章都直接和间接地与此有关。

更狭一层意义上的“法律文化”是我在《法律的文化解释》一文中试图阐明的作为一种方法的概念。在那篇文章里，我主要是由我自己以往对中国法律传统的研究入手，做某种更具有理论性的探讨，看能否发现一些与研究对象相适应的方法。我在这里不打算重述比如《寻求自然秩序中的和谐》或者《法律的文化解释》的主要论点，仅做几点相关说明以帮助读者更好地了解我的思路。

首先，当谈到“文化”的时候（我相信其他文化理论也是如此），我讲的不是一种纯粹的私人物品。虽然我相信，在微观的和经验的层面上，人们作为个体参与文化的创造，但文化终究具有一种公共性，它不但可以被传递和理解，而且可以超越作为创造者的个体。所以，文化既是人类所创造，同时又造就人类，使人成为人。这种关系可以借语言在人类生活中的作用来说明。语言无疑是人类的创造物（如果我们暂不考虑某些宗教教义），但并不是每一代人都要从头开始去创造语言，人类个体更不可能自由地去选择和创造语言，他总是生在某种具体的和既定的语言当中。当他学会、掌握和运用这种语言之时，已经不可避免地为这种语言所塑造。然而，语言又从来不是固定不变的，不仅如此，语言总是在被运用的过程中发生变化，换言之，语言因为人类（在经验层面上就是每一个个体）在使用语言过程中的选择、改变、创造而变化。因此，只讲人类创造语言或者语言造就人类都是片面之言。同样，以为二者互相矛盾不能相容乃是偏狭之见。其实，困难的问题是找到一种对一方面是作为结构的语言和文化和另一方面具有能动性的人类个体给予同样重视、并且对二者之间的复杂关系予以恰当说明的理论解释模式。社会理论中长期存在的“个人”与“结构”之争反映了这个问题的复杂性和困难性。总之，我强调作为结构的文化对人类生活的影响，同时并不认为文化是外在于人的和固定不变的，所以，我一方面把文化看成是一个重要的解释因素，另一方面也把它看成是需要加以解释的研究对象。《法辨》是一个很好的例子。它在描述一种重要的法律观念的同时，也力图说明这种观念是如何形成的。

其次，作为方法的“法律文化”概念，强调人文研究中的解释性立场，尤其重视意义结构在人类生活中的重要性，其基本立场是反对功能主义的。不过，反对功能主义并不意味着在所有涉及人类行为的场合都排除功能解释。在我看来，人类行为与社会制度足够复杂，同一种制度或者行为往往具有多重含义。功能主义的不足，在于它仅仅从功能的角度去解释所有制度和行为，而忽略了这些制度和行为内里的意义。我倡导的“文化解释”并不否认功能的存在及其重要性，但不以此为满足，而要更进一步，找出功能后面的“意义”。关于这个问题，我在两年前为《明清时期的民事审判与民间契约》所写的“评论”（该书第441-457页）中有所讨论，自然，我在其他一些地方也曾谈及同样的问题，我的具体研究更常常处理这些问题。

我的“法律文化”立场，如前所述，是把法律视为历史、社会、文化的一个部分，而在处理中国法律传统这一主题的时候，我有意识地把法律作为一种独特的文化类型的一个部分来把握。类型论所采取的可以说是一种特殊主义的视角。“它抵制普遍主义的滥用，尊重研究对象的内在逻辑和完整性，试图从内部去了解和理解被研究者的生活世界，为此，它尽量避免把自己的概念从外部强加于研究对象，尤其反对简单粗暴的肢解式解读。”这段话引自上面提到的“评论”。为节省篇幅，我还是推荐大家去读这篇不算太长的文字。这里只谈异同问题。

类型论采取的一个重要策略是“别异”，这种做法自有其理论上的根据和现实上的考虑，但绝不意味着类型论者只见有异，不见有同，也不意味着他们认为异比同更重要。我看人争论“异”与“同”何者为重，总觉得不着边际。在我看来，不但异与同是相对的，其重要性是相对的，而且它们本身总是相互依存的。“异”之所以可能和有意义，往往因为有“同”在后面，反之亦然。因此，关键不在别异还是求同，而在于采取的策略是否与研究对象、目标等相适应。换言之，异与同不是原则，而是策略。我讨论中国法律传统，尤其是那些渊源久远而未经认真反省过的传统，重在其同，但这种同却是由无数的异、争、辨中显现出来的。如我在《寻求自然秩序中的和谐》一书中对法的观念、公私观念等的讨论即是。另一方面，类型论虽以别异为策略，但终究是基于对人类社会一些更基本问题的共通性的认识，否则别异即失去意义。这些看法贯穿于我的研究，在诸如《法律的文化解释》等文章中也有明白的说明，兹不赘述。

你问我是否坚持“法律文化”的研究模式。如果把“法律文化”理解为上面三层互相区别又互相联系的研究立场、视角和方法，我的答案是肯定的。对于你在问题中加的限定语“中国式比较法学”，我倒并不强调。我在15年前发表的一篇文章里，用了这样一句话来结尾：“……建设中国式的比较法学，其原则是：用法律去阐明文化，用文化去阐明法律。”这是否就是你上面提出的问题的出处？你也许发现，此后我并没有特别强调这一点。不过，以上面所讲的“法律文化”的立场、方法和视角来研究中国的法律问题，我仍然以为是合适的。自然，我说“合适的”，而不是说（也不可能说）唯一合适的。在我看来，任何方法都有其局限性，不存在普遍有效的立场和方法。因此，判断一种方法的有效性或者优劣，不是看它们是否普遍有效，而是看它们是否能够有效地说明研究者想要说明的问题，是否与研究者所提出的研究目标相适应。因此，要恰如其分地了解和评估一种方法，应当首先去了解研究者的问题，他所针对的问题，想要解决的问题，试图回答的问题。比如，你会发现，同是对中国法律传统的研究，《寻求自然秩序中的和谐》和《清代习惯法》关注的问题不尽同，强调的重点不一样，采取的策略也相应地不同。《寻求自然秩序中的和谐》不满于流行的历史进化论、阶段论教条而采取类型论视角，针对科学主义的自大与僵化而强调解释学立场，揭示功能主义的不足而突出意义之维；《清代习惯法》更多针对国家主义和实证主义法律观，针对主流研究中对小传统的忽略，力图揭示法律与秩序形成与发展的复杂性与多样性。此外，虽然《清代习惯法》所讨论的问题可以被看成是《寻求自然秩序中的和谐》中部分讨论的继续，但二者的目标不同。后者旨在对中国法律传统做综合性的探讨，尤重历史上那些渊源久远而且未经充分反省的传统，因此注重异中之同；相反，前者讨论的问题在时空范围上大为缩小，且重点从大传统转移到小传统以及二者间的关系，因此更强调制度起源和秩序形成的多元性，注重不同知识传统和规范系统之间包含的矛盾、冲突和断裂的复杂关系。

我现在想，用那么多篇幅谈论自己已经发表的东西实在是很乏味。就此打住。其实，了解一个人的思想的最好办法是直接去阅读他的作品，我在上面谈到的无不可以在我已经发表的作品中读到，不管是贯穿于某项具体的研究还是一种直接的联述。而且我相信，读者能从那里读出的东西肯定更多。

记：两年中，您虽人在美国，您的学术研究却始终为国内法学界关注。就在苏力教授的近作《语境论：一种法律制度研究的进路和方法》（发表于《中外法学》2000年第1期）中，对于您的“文化论进路”有过如下论述：“就问题而言，我认为这种文化论研究进路具有很强的‘唯心’（不带贬义和政治色彩）的色彩，即强调人（复数）的观念、价值、思维方式、意义赋予对法律制度的绝成性和限制性作用，人们因此可能难以从这一进路看出法律文化是否以及如何受制于社会生活的物质性的一面，例如人口、自然地理、耕作方式。在我看来，文化既是选择的，也是被选择的；意义与安排秩序的观念的形成、确立和变化既是文化的，也是功能主义的。此外，文化论进路的法律研究由于强调文化的根本区别，以及重视‘差异最大化’，以至于容易将法律文化这个本来是构建出来的研究对象实体化，并根据这种实体化的差别势必从学理逻辑上得出中西法律文化完全无法沟通的结论，它因此也势必难以回答法律文化的历史流变和变迁以及地域的差异。最后，尽管文化论的研究进路似乎高度强调了人的主观态度对法律制度的构成作用，但从另一面看，它似乎又具有强烈的反个体的特征，因为在这种进路中，文化成了一个决定个体立场、态度和观念，决定他如何解释世界的一个强大的无法抗拒的结构。在这个似乎是强调复数的人的主观因素的研究模式中实际上消灭了作为个体的人的解释力以及与之伴随的创造力。这种文化的解释因此在另一层面又可能成为一种反文化的解释。”对于苏力教授的批评，您有何回应？（这个问题虽略显敏感，却是广大同学普遍关注的。）

梁：我还没有读到你说的这篇文章。不过，在回答你前一个问题时，我实际上已经部分地回答了这个问题。

记：能否谈谈您在学术与生活上的短期和长期计划？

梁：我几乎从来没有超过两年的计划。原因之一可能是因为我从来不曾想要构造体系，我的研究计划都是一项一项的，它们之间固然有联系，或者从属于一个大的松散的题目，或者彼此间有一种延续深入的关系，但肯定不是事先设计好的体系的不同部分。就这一点来说，我的研究计划总是短期的、有弹性的和多变的。在生活上，更没有什么长期计划，我一生的生活计划早已经确定好了，这“计划”也实在是平淡无奇，不过是一种书斋生活罢了。至于短期的计划，我现在能说的是，我会在明年夏天结束在美国的游学回国。

记：您曾将学术定位于“走在历史与哲学之间”，有心的读者却在您的文字中读出了对于现实的深切关注。我想这正是源于您“在书斋中守望以进入社会”的生活姿态。作为一名无“界”的公共知识分子，身处书斋与社会之间，您是否也曾遭遇尴尬、困顿与迟疑，又是如何化解疑云，坚定信念的？

梁：所谓“历史与哲学之间”，是讲我为学的兴趣与禀赋。我的意思，从消极的方面说是，单纯的考据和纯粹的思辨既非我之所喜亦非我之所长，从积极的方面说则是，我喜欢有思想贯穿其中的历史和有材料支持的观念。自然，这里的“历史”和“哲学”不应当单单被理解为实在的学科，而更多是一种思考的方式。而这种思考方式与对现实的关注从来没有矛盾，换句话说，这种思考方式既可用于历史，也可用于现实。所谓“书斋与社会之间”，这个“之间”是虚指，不是实指。因为书斋可以被理解为在社会之外，也可以被理解为在社会之中。因为是虚指，所以身在书斋与社会“之间”并不意味着“无界”。那么“界”在何处？知识分子群体或许可以有制度性的“界”，我在这里谈的则是个人的“界”，这个“界”存在于立身处世的原则之中，因为有这些原则，所以一个人有所为，也有所不为。今天的中国社会，名利滔滔，到处都是诱惑。无界则无所守，无所守则彷徨焦虑，上下奔走，不知所终。

记：您在回忆自己的大学生活时认为我们的大学教育始终是失败的，在此能否谈谈您理想中的大学教育，尤其是法学教育模式。

梁：与二十年前相比，今天的大学，当然也包括法学院，在比如规模、设施和与外界交流的条件等许多方面无疑都有很大的改善，但在最根本的一点，即教育的品质这方面，恐怕还没有相应的进展。关于大学或者所谓高等教育，人们经常问的一个问题是，我们应该培养什么样的人？在主流话语当中，这个问题有很强的政治色彩，但即使不考虑这一点，我也不认为这是一个好的问题。我们应该问的问题，在我看来应该首先是：“什么是教育？”人们因为有大学学历而当然地认为自己受过高等教育，这实在是一种对教育的误解。若干年前，我在大学为本科一年级学生讲授“外国法制史”，而我头几堂课的题目却是“什么是教育”。我当然认为专业知识对于学生们是有益的，但是我发现，对我的学生，那些刚刚经历了高考的折磨而进入大学的年轻学子来说，思考教育问题本身可能具有头等的重要性。我说“思考”，是因为第一，我并不认为我或者任何其他人能够为这个问题提供正确的和完备的答案；第二，思考本身就是教育的过程和重要内容。中国传统的初级教育称为“发蒙”，这是一个很好的说法。依我的理解，教育之基本，乃在于开启人的心智，让人走出混沌，用自己的眼睛去看世界，学会批判地省思生活，发现自己的潜能，用自己的心灵去做判断和选择，从而拥有一种经过反省的人生。教育的过程，就是通过系统的训练，帮助学生在开阔视野、增进知识和发展心智的同时，变成一个自尊、自主、自立、自足的成熟的社会一分子。因此，教育所关涉的不仅是知识与技能，而且是人格的成熟与道德的完善。我们应该以这样的标准去衡量和要求我们的教育——不只是大学的，也是中小学甚至幼儿园的——理念和实践。

我在上面谈到的，恐怕算不上什么理想的大学教育，不过是我所理解的教育的基本职能罢了。而在今天，由于种种原因，我们离这样的目标还很远。而在基本问题未获解决之前，谈论法学教育的模式似乎没有太大的意义。当然，我并不是说，对这个问题的讨论可有可无，为改善法学教育所做的任何努力也都没有意义。我想强调的是，应该把法学教育视为大学教育的一部分来考虑。传统上，中国的法律教育与欧洲大陆的模式相近，即偏重于系统讲授、理论训练，但实际上，我们培养出来的法科学生理论素质并不高。近年来，人们热衷于谈论美国的法律教育模式，这种模式以职业训练为其特点，似可以补我们法学教育空疏之弊。但人们往往忽略了一个事实，即美国法学院的学生在进入法学院之前先已完成了4年本科的人文教育。而这种人文教育对于实现教育的目标是相当重要的。其实，采用什么模式并不重要，因为只要运用得当，任何一种模式都可以卓有成效。关键要看人们对教育的理解，看如何办教育，看教育制度能否有效地实现教育的目标。这几年，国内教育制度改革的内容之一是系升院、院改大学、大学还要更大。一时间，学校改名成为时髦，这实在是一种很大的悲哀。因为教育的成功与否与校名无关，相反，一个学校名称的分量终究取决于这所学校的教育实践。珍视自己的校名就是珍视自己的传统，不仅如此，那也表明对其传统的自信与自豪。我到过欧洲和美国的一些大学，这些大学，无论规模大小，历史长短，都极珍视自己的传统，作为一个访问者，我在这些学校的任何一个角落都可以感受到这一点。当然，他们之所以认同和珍视自己的传统，也确实因为这些传统值得他们去珍视和发扬光大。反观国内，这些年里大学竞相改名，大家不以为意，这种现象很耐人寻味。

记：作为师长，您对新一代的法律人有何期望？

梁：虽然不以为我们的大学教育是成功的，但我仍坚持认为，大学的经历对我们的成长非常重要。因为一个人只要愿意并且努力，他毕竟可以从校园里获得在其他地方不易得到甚至不可能得到的资源来完成自己的教育。说到底，教育最终是由受教育者自己来完成的。听说北大流行一种说法，“一流的本科生，二流的研究生，三流的教师”，如果这种说法有几分道理，上大学就很有意义。能从自己的同学身上学到东西不也很好吗？我离开大学已经7年，但仍被同学们奉为“师长”，这是既令人高兴也让人不安的事情。既然是师长，就对教育负有某种义务。面对一流的学生，不是很大的挑战和压力吗？如果我们这一代教育者并不那么称职，我又如何对新一代法律人提出要求？如果一定要说点什么，我也许可以这样说，在成为一个法律人的同时，我们也是，而且首先是人，在接受法律教育的同时，我们也要而且首先要了解教育的真谛。如果我们是一个在真正意义上受过教育的人，我们就不但可以成为一个法律人，而且可以成为一个好的法律人。

对话梁治平：法律文化论再审视

对话人：梁治平　中国艺术研究院研究员
　　　　陈柏峰　中南财经政法大学法学院教授
　　　　尤陈俊　中国人民大学法学院副教授
　　　　汪雄涛　苏州大学王健法学院副教授
地　点：中南财经政法大学文泰楼模拟法庭（二）
时　间：2014 年 12 月 4 日 19：00-21：00

陈柏峰：首先，我想不简单地介绍一下梁治平老师。前几天凤凰网、《法治周末》报社等几家单位组织评出了“1974-2014 影响中国法治图书奖”，共有十本书，[1] 其中有一本就是梁老师的《法辨》，并且在所有十本书当中得票数最高。今天是 12 月 4 日，“国家宪法日”，新华社的一则评论里面引用了一句在中国法学界很出名的话，而这句话的中文原始版权是来自梁老师，就是大家耳熟能详

〔1〕 2014 年 11 月 30 日，《法治周末》报社、凤凰网、深圳市福田区人民政府、广西师范大学出版社共同举办的“法治的突破：1978-2014 影响中国法治图书”颁奖典礼在深圳举行，评选出了 1978-2014 年影响中国的十大法治图书。

的“法律必须被信仰，否则它将形同虚设”。这是当年梁老师翻译伯尔曼那本《法律与宗教》中的一句英文原文时采用的中译表述，有一种“半文半白”的感觉，有梁老师的语言风格。这是关于梁老师最近的两则新闻。此外我还准备了一个简介。

梁治平，男，1959 年生，湖北孝感人（不过梁老师到底是哪里人还有些复杂），1982 年毕业于西南政法学院法律系，获法学学士学位，1985 年毕业于中国人民大学法律系，获法学硕士学位，毕业后留校任教。1993 年调入中国艺术研究院中国文化研究所。2002 年参与创办洪范法律经济研究所，并担任所长至今。主要学术兴趣在比较法律史、法律文化、法律与社会等方面，倡导跨学科研究。1985 年开始在《读书》《中国社会科学》等刊物上发表文章，并致力于倡导“用文化去阐明法律，用法律去阐明文化”的法律文化观，在中国法学界产生了非常深远的学术影响。梁老师主持出版《宪政译丛》《法律文化研究文丛》等丛书和《洪范评论》杂志，出版的专著有《法辨：中国法的过去、现在与未来》《寻求自然秩序中的和谐》《清代习惯法：社会与国家》《法意与人情》《法律史的视界》《法律何为》《书斋与社会之间》《在边缘处思考》《法治十年观察》《法律后面的故事》,[1]编著有《法律的文化解释》《法律解释问题》《法治在中国：制度化与实践》《国家、市场、社会：当代中国的法律与发展》等,[2]译著还有《法律与宗教》[3] 等。

这是我对梁老师的一个不简单的介绍。那么接下来我们就进入今天对话的主题。本来打算是“现场考试”的，但刚刚在门外提前三分钟把要提问的题目给梁老师大致看了一下，不过这样基本上还是相当于“现场考试”。那先由尤陈俊开始发问吧。

一、学术范式

尤陈俊：有机会在这里与梁治平老师一起讨论法律文化论的问题，我感到非常荣幸。梁老师是在学术上对我影

---

〔1〕 梁治平学术专著的具体信息为：《法辨：中国法的过去、现在与未来》，中国政法大学出版社 2002 年版；《寻求自然秩序中的和谐》，中国政法大学出版社 2002 年版，商务印书馆 2013 年版；《清代习惯法：社会与国家》，中国政法大学出版社 1996 年版，广西师范大学出版社 2015 年版；《法意与人情》，中国法制出版社 2004 年版；《法律史的视界》，广西师范大学出版社 2013 年版；《法律何为》，广西师范大学出版社 2013 年版；《书斋与社会之间》，法律出版社 1998 年版；《在边缘处思考》，法律出版社 2010 年版；《法治十年观察》，上海人民出版社 2009 年版；《法律后面的故事》，广西师范大学出版社 2013 年版。

〔2〕 梁治平编著成果的具体信息为：《法律的文化解释》，生活·读书·新知三联书店 1994 年版；《法律解释问题》，法律出版社 1998 年版；《法治在中国：制度、话语与实践》，中国政法大学出版社 2002 年版；《国家、市场、社会：当代中国的法律与发展》，中国政法大学出版社 2009 年版。

〔3〕 [美] 伯尔曼：《法律与宗教》，梁治平译，中国政法大学出版社 2003 年版。

响最大的学者之一。当年我在中南念本科的时候，受到了梁老师所写的《法辨》《寻求自然秩序中的和谐》等书很大的影响。其中，《法辨》是梁老师上世纪 80 年代中期在《读书》上发表的一系列文章的结集。不少人在评论《法辨》这本书的文字特色时，称其为“小清新”，也就是说文字清新。（笑声）

我觉得，如果要了解梁老师的学术思路，他 1985 年在《读书》上发表的一篇文章非常重要，即《比较法与比较文化》。[1] 在这篇文章的结尾部分，梁老师提出了一个他自己后来称为“中国式的比较法学的原则”，就是刚才柏峰老师所讲的“用法律去阐明文化，用文化去阐明法律”。我自己觉得，梁老师所说的这样一种原则，也可以被称为一种研究的范式。我想请梁老师具体说明一下，您所讲的“用法律去阐明文化，用文化去阐明法律”到底是什么意思？它的具体涵义是什么？

梁治平：谢谢，我先说几句题外话。第一个是关于“不简单的介绍”里面的哪年生、哪里人等信息。刚才柏峰也说了，我是哪里的人其实很难说。可能比较准确的说法是 1959 年生于湖北孝感，这一点问题都没有。但要具体说是哪儿人，这就不好说了，不过我是中国人，这一点毫无疑问。（笑声）第二个是关于对《法辨》一书的风格的评论。刚才陈俊介绍说是“小清新”，如此时髦的说法

---

〔1〕 梁治平：《比较法与比较文化》，载《读书》1985 年第 9 期。

我还是第一次听到。当年在《读书》发表文章（大部分收入《法辨》），很多人读了都以为我是一位老人，或者以为我在海外留学多年，跟“小清新”可是差得很远。

刚才陈俊提出的问题，我简短地讲一下。我写“用法律去阐明文化，用文化去阐明法律”，是借用了孟德斯鸠“用文化去说明历史，用历史去说明文化”的这样一个表述，移过来时把“历史”换成了“法律”。其实文化里面也有历史、有传统、有社会。对我来讲，进入这样一种研究，并不是因为存在一个叫作法律文化研究的学科或理论，而是因为我对所学的东西不满意，对当时流行的法律研究不满意。因为在我看来，法律不应该只是枯燥的条文或法典之类的东西，法律应该是一种活生生的经验，是社会生活的一部分，文化的一部分。我欣赏的是孟德斯鸠《论法的精神》那种类型的研究，那种研究，就法律而言，其实就是“用文化去说明法律，用法律去说明文化”，这也是我的兴趣所在。这个立场当然很宽泛，但对我来说也很合适，我那时需要的就是这样一种视野或立场，而不是一个界定清楚的学科。

陈柏峰：陈俊刚才把梁老师从 1985 年开始在《读书》上发表的一系列文章，称之为展示了一种新的“范式”。“范式”这个中文词，好像也是梁老师比较早谈到的。说到“范式”，我们确实会觉得你当年提的“用法律去阐明文化，用文化去阐明法律”构成了一种新的范式。那么，当年您在讲这个的时候，是否已经有对之前的那些研究的比较清晰的具体看法？以及，您对您自己的这种研究在学术界里面有怎样的贡献，或者说有怎样的推动，在当时有比较明确的自我意识么？

梁治平：范式这个词出现比较晚，我自己用这个词更晚。所以，要说我一开始就有意要创立一种研究范式，那是不对的。但是就像上面说的，我之所以要“用法律去阐明文化，用文化去阐明法律”，正是对当时流行的法律研究不满意。我给大家讲一个例子。我当年读书的时候，像样的学术书籍和学术刊物极少。在那种情况下，我的“购买力”很强，只要是“好书”，几乎是出一本我就买一本。（掌声）1979 年，《法学研究》创刊，我立即订了一年。每期都读，读的结果呢，就是从此不再读《法学研究》，（笑声）后来我还劝其他研究法律的人不要读法学刊物，免得读坏了。这样说好像有点狂，但当时就是这样想和看的。现在已经不记得当时都读了什么文章，但是很明显，那些文章对我毫无吸引力。如果说，当时的法律研究是有一种范式的话，这种范式就是我不满意、不喜欢的。我后来报考外国法制史专业，除了是受当时讲这门课的林向荣老师的吸引，也是因为我想找一个跟法律有关但又离法律最远、同时能满足我在知识上的兴趣的学科。再往后，书读得多了一些，知识慢慢积累，也开始写文章，很自然要跳出当时流行的“范式”，不管是研究主题，还是表达方式。这样就有了自己的风格。虽然不是有意要创造新的研究范式，但也是有意为之，因为对自己喜欢什么、不喜欢什么，想要什么、不想要什么还是很清楚的。所以可以说，最后我走到法律文化的研究上来，既是一种自觉努力的结果，也是一个很自然的过程。

汪雄涛：刚才柏峰谈到“范式”这个词，我之前看到费孝通先生的一个集子，叫《美国与美国人》，它是1980年代初出版的，是费孝通在“文革”之后去美国访问，回来之后所谈的在美国的见闻。[1] 其中谈到美国的社会科学研究出现了一个新词，叫作“范式”。我不知道他跟梁老师哪一个讲得更早一点？

另外，今天谈的是“法律文化论再审视”，我怎么看都觉得像一个陷阱，（笑声）不知道这个题目是柏峰想出来的还是谁想的。梁老师是我一直以来学习的对象，但后来我再从头看您这些成果的时候，虽然《寻求自然秩序中的和谐》为您带来了无数的行内荣誉以及一个“法律文化论者”的标签，但是我观察到大概是从1996年到1997年左右，从《清代习惯法：社会与国家》开始，您好像越来越少或几乎不再用法律文化论的这种视角，反而有些转向社会与国家的视角，包括您主编的那套《法律文化研究文丛》的主题，很多都是社会与国家的视角，而没有法律与文化的这种视角。不知道这种现象是否存在？

梁治平：其实我自己用“范式”这个词是很晚的，

---

〔1〕费孝通：《美国与美国人》，生活·读书·新知三联书店1985年版。

我是在写《法律史的视界》[1] 那篇文章的时候用了“范式”这个词，当时还专门在注释里说明，我是在什么意义上使用这个概念，这样用这个概念是不是妥当。

说到我个人的研究，如果看研究主题，应该说前后变化不小。特别是2000年前后，研究和写作的心态都有改变。比如，以前的研究以法律史为主，后来更偏重在当代；以前的研究计划性较强，后来的研究更多是随缘的，讨论的问题也更多样。比如我讨论《劳动合同法》的问题，[2] 对“宣科案”的分析，[3] 都跟我过去的研究距离很远。我涉入这些问题，也不是因为对它们有长期的关注，而是由于一些偶然的机缘。前两年广西师大出版社要我编自选集，我把过去二十多年的文章梳理了一下，发现按时间先后来分，大体可以分成历史研究和当代研究两卷。但是这种变化并不是出于计划，甚至也不是有意为之，而是自然而然。这也意味着，这些研究是有某种连续性的，这种连续性是和我过去在知识、方法、思想上的积累有关系的，但这种联系不一定是狭义上专业的、学科的。比如我昨天的报告，讲的是当代的问题。这些主题和关切之间有没有关联？我认为有，可能不像表面上这么明

---

〔1〕 梁治平：《法律史的视界：方法、旨趣与范式》，载《中国文化》2002年第19/20期合刊。

〔2〕 梁治平：《立法何为？——对〈劳动合同法〉的几点观察》，载《书屋》2008年第6期。

〔3〕 梁治平：《名誉权与言论自由：宣科案中的是非与轻重》，载《中国法学》2006年第2期。

显吧。回到你的问题，我不认为“社会与国家”是一个与“法律文化”无关的题目或范畴。如果说我之前关于法律文化的意义阐释这个部分比较着力的话，我想更多是与我当时研究的对象、当时所要解决的问题和当时特殊的心得有很大关系。那之后，不是说这个视角或方法被放弃了，而是在研究不同对象的时候，为了更好地说明它们，我可能会做一些调整，更注重另外一些因素。但在变换的主题和场景后面，还是有些东西延续下来，比如在当代的场域里面讨论、观察某些现象的时候，我依然可能运用文化论的方法和视角。

二、何谓文化

尤陈俊：刚才您说是在20世纪80年代提出了法律文化论这样一种进路，但我们发现其实在整个80年代、90年代甚至直到今天，您倡导的这种进路仍然影响很大。通过看您的文章和回顾性文字，您谈到您的这种研究与80年代的那种“文化热”有密切的关系。在当时那个氛围中，相对而言，法学是一个后知后觉的学科，“文化热”在社会学、哲学方面会表现得更多。您1985年在《读书》上发表的那篇文章《比较法与比较文化》，在开头部分就引用了社会学和人类学论述的“文化”概念，您主张用那种广义的“文化”概念作为自己研究的基础。而“文化”这个概念，属于“我不问你大家都明白，我一问你，谁都说不清楚”的一个概念。在您早期的著作里面，似乎没有一个对“文化”的大致定义。可是在后来的《法律的文化解释》里面，您采用了格尔兹对“文化”的界定。您当初最早采用对“文化”的广义理解，是出于怎样的想法呢？您这样一种对“文化”的广义理解，跟20世纪80年代的“文化热”中其他人对文化的理解有哪些不一样的地方呢？

梁治平：在80年代，如果说我的研究兴趣跟时代有什么关系，我觉得有这么两点。

一个是所谓“文化热”。那时大家都在谈文化，这是一个非常直接的关联。当然，这种联系是一种“合拍”。也就是说，并不是我对文化这个主题本来没有兴趣，只是因为“文化热”的吸引才去谈文化。前面说了，我虽然是在法学专业，但是读书过程中却与法律渐行渐远。我觉得法律应该放在更大的背景下去理解，这个背景可以叫“社会”，可以叫“文化”，也可以叫“历史”，看你取什么内容。实际上，这几个概念我都很看重，最后落在“文化”上，除了和当时的“文化热”有关，也是因为这个概念最能够满足我的兴趣和需要。法律可以被看成是文化，宗教、哲学、艺术、道德也是，观念是文化现象，行为也是。所有精神层面的东西都可以放在文化的概念下讨论。所以那个时候我是在一个很宽泛的意义上使用“文化”这个概念。

关于第二点联系，我觉得“文化热”带给我个人的一个影响，就是它对传统的批判性。这个批判性是“五四”以来的那种批判精神的延续。当然到了80年代，有它自己的问题和特点。它其实是把对现状的许多不满，借批判传统表达出来，结果是把当代人的责任转嫁到古人身上去，有这么一层东西在里面。在当时这种思想氛围里，我也是从现实出发，对传统采取了一种先行批判的立场。只不过，我又觉得，学术讲求公正，立论要有依据，即使是批判，也要先尽可能完整地理解批判的对象。写《法辨》的时候就是这样，一方面有很强烈的批判意识，但同时还是希望保持它的学术品格，我觉得这很重要。

按照我们现在的想法，你要讲文化，要讨论这个问题，就应该先把这个概念界定清楚，先了解有关文化的各种定义和理论。但当时不是这样，因为当时能接触到的学术资源非常有限。我最初接触到的泰勒的文化理论，就是一些支离破碎的知识。当然后来情况不一样了，我们有机会接触到更多更完整的文化理论。最后我用格尔兹的理论来定义文化，是觉得他的定义和方法比较有说服力，而且更合我自己的研究心得。顺便说明一下，我不是在读了格尔兹之后才写比如《寻求自然秩序中的和谐》的，而是相反，我是在写完了这些东西之后才知道格尔兹，才发现这套理论跟我自己在之前的研究中的感受是非常契合的，这时我很自然就会把它拿过来，用来说明和支持自己的研究。这样一个过程很有意思。你发现自己的研究适合用一种理论来说明，而这种理论本身又是很精细很精妙的，这个时候你可以重新审视自己的研究，并得到一个新的起点。这可以说是理论与实践，或者思考与研究实践的一个互动过程。总之，我的研究经历了这么一个比较自然的过程，对文化概念的了解和运用，由浅而深，从简单到复杂，读书、思考、写作同时进行，互相促进，而不是从现成的理论出发，先把理论都弄清楚了再去作研究。

陈柏峰：您讲了您用“文化”这个概念的一个历程。可能早期是在实体意义上的中国文化与西方文化这个角度去讲的，是我们通常意义上的“文化”，而后又引入了格尔兹的理论。邓正来教授在他的那本书《中国法学向何处去》里面，系统性地批评了几个人，比如张文显教授、您以及苏力教授。他其中批判的一点，就是说您在讲《法律的文化解释》的时候，实际上前后用的“文化”的意思是很不一样的，前面是带有实体性的，后来到格尔兹的时候，因为格尔兹的人类学是比较强调主观阐释的，所以他认为这是断裂的。您自己是怎么看待他的这种批评？

梁治平：我只能在你转述的基础上来作回应。我认为我这部分的研究前后有发展，但没有什么“断裂”。为什么这么说呢？我开始作的法律文化研究虽然比较宽泛，但跟我后来看到的一些英语文献讲的法律文化也差不多。它关注的主要是一些精神性的东西，比如说行为模式、价值观念、规范性的判断指引、思想和行为当中具有较强的符号性的东西。从这里走到对“意义”的强调，不是必然，但很自然。实际上，我在写《寻求自然秩序中的和谐》的时候，最重视的，就是制度后面的“依据”，用格尔兹的话，那就是“意义”了，而要找出“意义”，或者制度后面的“依据”，就要像解释人类学倡导的那样去理解行动者，要走进他们的主观世界。从《“法”辨》到《寻求自然秩序中的和谐》我一直注重辨异，尤其是观念的辨异。我强调文化，重点也是辨异，字词的辨异，观念的辨异，制度的辨异，意义的辨异，这本来就是我的法律文化研究的核心，我在格尔兹那里看到一种更好的理论表述，如此而已，哪来什么分裂。

三、辨异与求同

陈柏峰： 我继续追问一个问题。您刚才提到做法律研究的“辨异”这两个字，别人也经常这样来概括您的研究，您自己也这样来概括，我也觉得跟我读那本书的感觉比较契合，确实是“辨异”。可是这个法律文化研究还有另外一种路向。咱们学校有个重要的研究机构叫作中南财经政法大学法律文化研究院，这个研究院的创始人是范忠信教授，现在主持工作的是陈景良教授。过去范忠信教授也是作法律文化研究，他有一本书的名字叫《中西法文化的暗合与差异》[1]，他把“暗合”放在前面，就是他的很多研究说中国与西方有很多一致的地方，所以他叫“暗合”。其实他的路向比较倾向于“求同”的一方面，当然他也谈“异”的一方面。所以他经常在文章中讲很

---

〔1〕 范忠信：《中西法文化的暗合与差异》，中国政法大学出版社2001年版。

多东西，说你们西方古代有的东西，我们中国古代也有。您怎么看待这么一类像范老师的这样一种研究？

梁治平：我觉得“辨异”也好，“求同”也好，都有价值。因为人类的生活就是既有共同的东西，也有不同的东西。我们有无数的题目可以选择，有些题目是有价值的，而有些题目是无价值的。哪些问题有价值，这就需要很具体地去看。我当时为什么要“辨异”呢？是因为我看到讲“同”的东西太多了，而那些讲“同”的东西很差。差到何种程度呢？它不但扭曲了中国的历史、文化和社会，而且禁锢了学人的思想，消灭了学术的精神。这类讲“同”的理论是很粗暴的，比如历史发展的“五阶段论”。“五阶段论”在整个历史领域，当然也包括法律史领域，是有一套完整的叙述的。我当年写书的时候面对的就是一个很庞大的知识体系，这个知识体系是非常教条化的，非常机械的，没有生命力的。所以我比较强调“辨异”，这是很自然的。当然，你强调“辨异”，不等于说你就做得好。这要看具体的研究，也要看你怎么评价做得“好”或者“不好”，要具体讨论。我没有办法对范忠信老师做一般性的评价，但我读过他几篇比较长的文章，是关于“亲亲相隐”，家庭伦理和法律的关系的。[1]这几篇文章应该属于他讲的“暗合”的部分。我觉得这样的研究是有价值的，有意义的。我在最近的研究里还引用过

---

〔1〕 范忠信：《中西法律传统中的“亲亲相隐”》，载《中国社会科学》1997年第3期。

他。所以我觉得“辨异”和“求同”本身并无好坏之分，好与不好要看具体的研究。每个学者给自己设定了研究的题目，有自己的研究策略，自己的研究方法。这些东西本身都可以进行一个很具体的评判，脱离了这个语境，脱离了具体的策略，抽象地去讲好坏优劣是没有意义的。

如果一个人说“辨异”比“求同”更重要，那我们就来讨论这个问题，为什么说“辨异”比“求同”更重要，你在什么意义上讲“辨异”比“求同”重要。反过来，一个人持完全相反的观点，我们也可以这样来讨论。我们需要针对具体的结论和论据展开分析。

顺便说一句，我这个“辨异”的取向，确实和人类学的理论关注和特点有点像。人类学经常关注不同文化之间的差异性、特殊性。特别是格尔兹，他是比较强调“辨异”，特别是两个极端的比较，去突出研究对象的差异性。当然他有他的背景和问题意识，但是对我来说，在理论上就会有一些支援，因为我使用的类型分析方法也是这样，虽然我跟他面对的问题有很多是不一样的。

尤陈俊：我再追问一个问题。您刚才强调“辨异”与“求同”在抽象的情况下无所谓谁优谁劣。但现在包括法律文化研究这样一个大的框架之下，存在许多机械化的所谓中西法律文化的比较、类型化的比较，常常总结说中国的文化有什么样的特点，或中国的文化有几个特点，西方的文化也有几个相对应的特点，往往是相反的。这样的一种所谓“辨异”工作，如果推而广之，把二者对极化或对立化，您如何评价？比如现在许多学者认为中国传统法律文化是一种厌讼的文化，而西方则是好讼的。您当年在写《寻求自然秩序中的和谐》有没有朝着这种对立化或对极化去发展，或者您当时是否就已经意识到这里面会有问题？

梁治平：一个好的理论、方法或者概念，因为被滥用，变得僵化机械，毫无生命，这是完全有可能的。历史上很多很有生命力的学说，比如阳明学，或者之前的朱子学，它们都很伟大。然而朱子学之后，出现很多伪道学，阳明学之后出了很多狂人。这些东西就把世风给败坏了。但是我们不能说朱子就不好，或者说阳明就不好，虽然他们的学说里会有某种东西是值得警惕的，可能存在某种漏洞。这些可以再讨论。当然我的意思不是把自己比作圣贤，我是说这么伟大的学说都可能这样，一般等闲思想、观念被误用、滥用也没有什么好奇怪的。

有关中西法律和文化的比较，是存在你说的那类问题。其实“中西”这种说法本身就值得警惕。“中”是什么？要追究起来其实很复杂，几千年的历史，好多的文明融合在一起，最后人们讲到“中”的时候，心里可能是以汉族为“中”，以儒家为“中”，这是一种文化霸权，对其他文化是不公正的，而且实际上是对历史的另一种利用和曲解。同样，“西”的概念也难免笼而统之。我们知道西方有不同的法系的，法系内部又有区别，文化上的差异性也是非常大的。所以，涉及中西法律文化的比较研究，是要比较小心的。《寻求自然秩序中的和谐》这本书处理的是中西法律文化的问题，重点是通过同西方法律历史文化的比较，认识中国传统法律的精神特质。这种策略是不是可行，结论是不是有说服力，自然都有讨论的余地。如果现在让我重新回过头去写同样的主题，肯定跟以前不一样。首先掌握的资料会比以前多，对一些问题的看法也不一样了，思想更成熟一些。当然，是不是因此就一定比以前写得好，那也不一定。有一个朋友，认识我以后跟我说，他当年读这本书的时候很激动，在书上画满了道道，心想这个人写这本书的时候还不到30岁，以后可怎么办啊。这本书真的有这么好吗？也不一定，但其中应该有些东西让人印象深刻，也许是片面的深刻，幼稚的深刻，有一些打动人的东西在那里。所以我只能说，现在让我重新写这本书不一定写得更好，但我一定会重新写。(掌声)

陈柏峰：我继续追问这方面的一个问题。谈到文化，大家都可能会有一种价值判断，觉得西方文化优而中国文化劣。可能“五四”以来都是这样的吧，这是一个总体的倾向。当然最近党中央号召我们要有文化自信，但总体上来看，从知识界到社会，这种倾向还是蛮强的。凭我的印象来说，在您的著作当中，对文化的表达不是那么直接，有一些隐晦，但我模糊地感觉到，比如《法辨》和《寻求自然秩序中的和谐》这两本书里面，对中国文化的态度可能批判性还是要多一些，到《法律的文化解释》

的时候，这种同情式的理解要更多一些。有没有这样一种区别，或者说什么促使您会有一点点转变。

梁治平：细心的读者可能会发现这方面的变化。我自己当然更能感受到这种变化。最开始的那种讨论批判性是很强的。那个时代的风格就是这样的，作为个人，而且是一个年轻人，很容易受时代的一些影响。但是我说了，我觉得要以公允的心情、心态去对待古人，去对待传统。要批判传统，你要先了解传统是什么，这是我当时的一个基本的心态，写《“法”辨》时就是抱着这种心态。我经常区分《“法”辨》里的两个东西，一个是研究的方法，一个是具体的结论。我觉得结论也许不是那么重要，方法的部分，思考的部分，那个过程可能更重要。写《寻求自然秩序中的和谐》用了将近一年的时间，如果从写《“法”辨》和《说治》算起，前后有三年时间，我自己就能感觉到内心的变化。就是说当我试图去理解研究对象的时候，就意识到要放下一些流行的定见，而随着理解的深入，又可能发现需要调整自己的立场和态度。诚实地面对自己，面对古人，你必须这样。我们过去学的历史充斥了教条，我们的历史观念和知识，其实都充满了偏见，不光是现代人的偏见，而且是特定意识形态的偏见。你一定要打破这些偏见，才可能进入到古人的世界中去。比如管子的重农思想，仔细观察，在他的那个时代是有它的道理的。还有比如历来地方官对“讼师”的打压，也不是不可理喻的偏执做法。用阶级分析的方法，或其他一些现成的看法去套，并不能很好地解释当时人的行为。今天的研究者需要进入当时的历史情境，要试着从当时人的角度去理解他们的思想和行为。毕竟，他们对那个社会有他们自己的理解，而当时社会的形态和我们今天所处的社会形态也相去很远。

回到《寻求自然秩序中的和谐》，其实上面说到的变化在这本书里就可以看到，而且由于写作和出版的过程都很仓促，也没有机会把这些变化很好地处理一下。所以书一出来我就想到要做一些修订，除了补充一些资料，主要是要改掉一些比较情绪化也比较轻率的表达。因为那不是一种严肃的学术态度，不是一种对待历史的适当态度。至于《法律的文化解释》，它写得比较晚，应该是 1992、1993 年完成的，当时是想总结和回顾自己前面的研究，特别是在方法论方面的心得。跟《寻求自然秩序中的和谐》不一样，这篇文章不是那种实体性的研究，而是理论性的，只不过，在对方法论的讨论中，它也接续了基于理解而产生的对历史的一些新的看法。

汪雄涛：我接着“辨异”再说两句。大概是自 1840 年开始，中国一直自觉或不自觉地面对西方的一个参照系。老一辈的学者，像费孝通先生、梁漱溟先生、瞿同祖先生，一直就在阐明一个异于西方的中国。我们看到这种“辨异”会强调一些跟西方很不一样的特质，从而去提炼出一些概念。比如说瞿同祖老先生，他认为他一生最大的贡献在于提出了法律儒家化，但其实当我们去考察中国法的实际运作，可能儒家化的内部结构会更复杂一些。比如我曾经有一个研究，去考察亲属之间的争讼，[1]通过亲属争讼的比例看当时家族中司法的权威，在社会控制中，这种权威在多大程度上是存在的。后来我发现可能法律儒家化在某种程度上是被夸大了的。家族中的这种利益争斗，包括像柏峰去做的很多这种社会调查，使我们发现实际的中华文化的内部结构要比我们过去提出的法律儒家化、家族社会要复杂得多。所以我想问的是，我们如何克服作为一种方法的这种类型论或文化论，或者在“辨异”的时候，对“求同”的一种无意地忽略，或者说在定义的同时，可能对“异”是否有夸大了。您怎么看？

梁治平：“辨异”这个问题，刚才我们一般地讨论了一下。你提到的例子，比如瞿同祖先生的法律儒家化说，与其说是“辨异”，不如说是对某种历史现象的概括。概括总是需要的，但也会有种种问题。法律儒家化的说法不能说没有根据，但可能有照顾不到的地方，也可能遮蔽某些问题，看到这里面的复杂性，是我们对历史观察越来越成熟的一个标志。但抛开这些不论的话，我们在某个抽象的层次上，可不可以做出一些概括，比如说中国法律的传统有某些特征，有的人举出 3 个，有的人举出 5 个。如果我们持一个比较开放、比较有弹性的立场，又言之有据，那么这些认识对于我们可能还是有帮助的。

---

〔1〕 汪雄涛：《明清判牍中的亲属争讼》，载《环球法律评论》2009 年第 5 期。

就西方而言（当然我刚才说了“西方”也是一个很复杂的概念，暂且还是用这个简单的概念吧），一般都认为，西方是基督教文明，早先有希腊的影响，然后经过文艺复兴、启蒙运动发展起来。其中有很多不同的国家和民族，有不同的风俗、习惯和制度，但总的来说还是有着很多共同的特征，包括语言（语系）。那么，针对某些特定问题，或者作为某种研究策略，我们有没有可能基于那些共同特征进行文明之间的比较研究呢？客观地说，当我们讲到世界文明的时候，比如说轴心文明，我们其实是假定这些文明各有其特征，各有其统一性，而且，它们之间的关系也不相同，有些文明距离较近，有些相距较远，有些可能是在两极上。

当然，任何研究都可能会夸大和简单化。抛开这些不说，对照性很强的文明的例子也是有的。我们以语言为例。语言学家、人类学家研究印欧语系，发现其中有很多差异和变化，但这里面还是有某种关联性和规律。然后他们去研究汉语，就发现“连头上的天都变了”（这是语言学家萨丕尔的说法），差别太大了。比如法国汉学家谢和耐，他研究宗教，发现想让中国人理解西方的神学观念有特别大的困难，而这种困难和语言结构有很大的关系。在中国的语言结构里面，经常没有主语，这跟西方语言很不一样。西方语言，还有很多其他语言里，有很强的施动者的观念，而中国没有。这会影响到思维，产生不同的精神表达或者精神的创造物。再举一个法律方面的例子，昂格尔写《现代社会中的法律》，他想要说明他所谓“法律秩序”是如何（在西方）产生的。这是一个韦伯式的问题。他这样做的时候就发现，四大文明中，伊斯兰文明、印度文明相对于中国文明比较居中，西方文明和中国文明各据一端。因此，要说明近代法治秩序为什么能在西方出现，中国就成了一个反例。他不是汉学家，他也不懂中文。顺便说一下，韦伯的研究也是把中国当作一个反例，中国宗教，或说儒教与道教，是作为清教的反面来研究的。这种研究本身很有意思，但也有很多问题。林端教授在他的新书《韦伯论中国传统法律》中[1]有对韦伯的批判，指出了韦伯方法论上的一些问题，主要是他混淆了文化内比较和文化间比较，把共时性问题变成了历时性问题，因此产生了一些成问题的结论。

四、文化类型学

尤陈俊：刚才您谈到了“辨异”，也提到韦伯。韦伯有一个很重要的研究方法叫“理想类型”。我看您早期的研究，包括《法辨》和《寻求自然秩序中的和谐》，总体上采取的仍是一种文化类型学的比较方法。在做研究时，这一比较方法在运用到中西文化的比较的时候往往会得出两者之间是无法通约的，即两者之间存在着本质上的差别的结论。这有些类似于基因决定论，即后天无论再怎么努

---

〔1〕 林端：《韦伯论中国传统法律：韦伯比较社会学的批判》，中国政法大学出版社2014年版。

力，最后两者也不可能在一起。这种状况就会有意无意地将西方的法律文化作为一种评价的标准，而不仅仅是作为一种参照，西方文化成为评价中国文化是好是坏、是处于一种什么阶段的一个最后的标准，而不是仅仅作为一种平等的参照。很多学者其实对这一点有很多批评，比如邓正来在他的书中专门就这一点批评了您的研究。我不知道您是如何看待这种文化类型学的方法或者这样一种受韦伯影响很大的方法在法律文化研究当中的运用的？

梁治平：我觉得文化类型学作为一种方法，有助于凸显某种东西、说明某种东西，但是另外一个方面，它也会遮蔽某些东西，在不自觉的情况下，这种方法可能会流于僵化、封闭。这是第一点。

第二点，关于评判标准，我不认为文化类型学的研究必定导向用某一种类型去评判另一种类型，比如用西方文化来评判中国文化的优劣。恰恰相反，类型学方法是比较相对主义的。如果不可通约或者不相交，那你怎么去评判呢？只有在可通约的、有公约数的情况下，才有共同的标准可以来评判差异。就像赛跑，同一个赛场，同一个终点，才能看谁跑得最快。如果向不同的方向跑，南辕北辙，目的地就不一样，你怎么去评价呢？类型学讲的是目的地不同，道路不同，涉及中西历史文化，它的意思是：中国社会并不是内在地要发展到西方社会后来发展出的那个方向上去。梁漱溟说得比较清楚，我引用过他的话，他说中国人不是同西方人走一条路线，因为走得慢，比人家慢了几十里路。如果没有和西方接触，再过几十年几百年，中国也不会有西方的民主科学。

当然，这种情况后来改变了，这种改变带来了评价上的问题，也让这个问题变得比较复杂。过去不同文明之间的交往，如果只限于比如郑和下西洋，或一些比较表面的、浅层的交往的时候，或者实力明显失衡的交往的时候，至少强势的一方可能就会保持自己独立的发展轨迹。但是中国后来碰到的问题是全球化。大家都被裹挟到全球化的浪潮里面，没有任何一个民族和文明可以置身事外。从文化的角度看，这是一个文化融合、文化变迁的过程，也是文化发生改变的一个很常见的现象，只不过近代这种现象不是很常见。因为这个过程很暴烈，而且规模非常大，像中国这么悠久的文明基本上瓦解了、破碎了。这样的事情是不常发生的，但是它确实给这个社会带来了文化改变的契机。这个时候评价的尺度就会发生变化。

说到评价，我觉得还有一个很重要的问题。现在很多人从现代民主、自由的立场出发来审视中国文化，或者认为中国过去就有这方面的资源，或者认为中国完全欠缺这方面的资源，进而得出肯定或者否定中国文化的结论。还有人正面评价中国文化，但认为还需要从中开出一些它没有的思想和制度。对于这类做法，有人不以为然，认为这样取舍其实是扭曲、阉割了中国文化。在方法论上，我同意这种批评，但我也不认为不一样的文化之间无法沟通。比如，我认为中国文化没有发展出权利（rights）这个观念，也没有发展出西方的个人自由的观念，而是另有一套观念，一套和“权利”或者“个人自由”非常不同的观念，以及相应的制度安排、生活情态。但这也不是说，中国社会恰好是西方社会的反面，就像今天人们认为的极权社会是自由社会的反面那样。事实上，今天确实有很多人是把对现代专制社会、极权社会的看法投射到中国古代社会里去了。这是不对的。中国文化发展出来的那套思想和观念，还有传统社会的样态，的确和西方的不同，因为它不是一个路子发展起来的，它思想的方法不一样，使用的概念也非常不同。比较西方的概念和思想，有所短，也有所长，而且有相通的地方，虽然不是共同的，却是可以沟通的。这个问题很复杂，但不管怎样，文化类型的研究方法本身，并不意味着把西方文化变成评判中国文化的标准，这是肯定的。

尤陈俊：您刚才的回答，让我想起林端老师在他的《韦伯论中国传统法律》里面对韦伯的方法论的批评。他认为韦伯在研究中国的法律文化时犯的一个最大的错误，是把文化间的比较处理成文化内的比较。就好像您刚才说的，中国和西方它应该是两个不同类型的文明，但是在韦伯的笔下，他把它处理成同一种类型文明的不同发展阶段，因此使得西方文明发展处在形式理性的阶段，而中国文明就会停在一种实质非理性的阶段，就会成为一个发展路径内的不同阶段。但是按照您刚才所说的，韦伯的这一套东西是有问题的，其实它不是在一条轴心上去发展。

梁治平：对，韦伯把西方内部的一个发展，变成了文明间比较的框架，这样，文明类型的差别就变成了历史阶段上的不同，中西之别成了古今之别。到底是中西还是古今，中国在二三十年代争得很厉害。后来唯物主义史观占了上风，于是只有古今的差别，没有东西的差别。现在看来没那么简单，其实这两种东西都有，中西的差别（即类型的差别）与古今的差别（即传统社会与现代社会的差别）是交织在一起的。

汪雄涛：我就接着类型化再讲两句。我觉得类型化并非必然、但很容易产生的一种倾向是化约。比如像中国法律传统，我们经常会说是儒家的，甚至会说是家族社会等等。但其实我们知道在中国的底层社会，家族化的倾向首先是有南北之分的。第二，到宋代，特别是到明清社会才变得更为明显的，是商鞅的政策"民有二男以上不分异者，倍其赋"对中国家族化的巨大影响。所以我们经常会对中国法律传统做一些类型化的表述，且很容易被化约。

有时一谈到中国文化，或者说法律文化，我们就说是儒家的，一说儒家的就是孔子。这种类型化的现象极为严重，所以我觉得这种化约的结果会带来，一是对中国社会科学的研究、二是对中国社会的阐述可能会是非常粗糙的开始。我有观察其他学科的研究，包括社会学、人类学的研究，他们很多研究是以费孝通先生等人的论述为逻辑起点，然后再开始进行逻辑推理，但很有可能这种家族化的论述是不够精致的。其实很多人并没有详细分析前辈学者的表达。有关家族化的问题，比如费孝通先生有一个很重要的表达是“差序格局”，这个里面是有“私”的观念在里头的，并不是一个简单的家族化的结构。我不知道您怎么看这种化约的危险的？

梁治平：这种化约我想在所有的研究、学科、方法里面都有可能存在，而且对化约的做法大家都是持否定的态度，不断有学者在批判这种做法。化约肯定是不可取的。类型化本身会不会产生化约的结果？当然会，所以在这种研究里面我们要小心地去避免这种做法。如果能保持比较高度的反省和警惕，我们可能会比较好地避免这种结果，我们会留有余地，避免简单化，保持足够的开放性和弹性，如果有例外情形，我们存疑，如果例外很多，我们可能做出调整，修正原来的结论。我觉得这是学者应该有的一种态度，尽管在方法论上，注重类型的研究可能比较容易产生化约倾向。

但是，类型学研究不会因此而变得没有意义，它还是有助于我们了解和认识这个世界。当然，有好的类型研究，也有坏的类型研究，但是无论好坏，都需要运用归纳、综合、概括、抽象的方法。这些方法是必要的，但是运用不当，就可能变成“化约”，按负面的用法，化约就是简单化的、不恰当的概括，没有照顾到现实世界的复杂性。不过，有些对类型研究的批评也不是好的批评。比如，在微观层面上有效的批评，放在宏观层面上显得很无力，甚至不相干。有的批评指出了一些问题，但它提供给我们的东西，没有它批评的提供给我们的东西更多，或者，它没有给我们一个对世界更好的认识。总之，涉及具体的研究，类型研究也好，对这种研究的批评也好，都有可能是很好的，也有可能是不好的，要做具体分析。其实，化约的问题远不是类型研究独有的问题。化约在所有的地方都会产生，因此，对这个问题保持一种自觉和警惕是很重要的。

汪雄涛：关于这个话题，我再讲最后一个问题。当我们在谈到“辨异”的时候发现您在《寻求自然秩序中的和谐》这本书中有一个很有趣的方法，就是在“异中求同”。比如我们很多人讲到儒家和法家的时候会讲到他们如此地不同，但我记得您说儒家和法家有一个共性就是“去私”。我觉得“异中求同”的风险要比纯粹“辨异”小得多。又比如，我还注意到一个概念，可能现在很多人都没有注意到，即中国哲学观念中的“平”。我去考察“平”的时候，就发现不止儒家，法家、道家都在讲“平”。我们一说儒家就会讲到“孝悌忠义礼义廉耻”，但是很有意思的一个表达是“修身、齐家、治国、平天下”，“平”是一个最高的哲学概念。而“平”不是儒家独有的，是当时先秦诸子共有的，我看他们在很多论述中都有这个概念。所以我有时候觉得在“异中求同”可能会比单独“辨异”的风险会低一点。

梁治平：我不是从风险的角度去看待这个问题。《寻求自然秩序中的和谐》的关注点，有异，也有同，这和讨论涉及的层次有关。我注意到，中国文化从它的起源开始，经历先秦时期逐渐定型，形成了一些长期支配人们思想的东西，我称之为中国文化的“神圣传统”或者叫作恒久的传统。像你刚才说的“去私”。当然“去私”的观念也很复杂，特别是到了明代以后，关于“私”的讨论，有一些跟以前不大一样的东西。这个时候，“异”和“同”的关系就更复杂。还有“法是什么”的问题。我认为，儒家和法家在先秦以后在“法是什么”的问题上是有共识的。

我想说的是，如果在一个文化里面，在表面上争论很厉害、甚至水火不容的那些思想学说背后有共同的东西，有我上面说的恒久的“神圣传统”，那是特别能说明问题的。那应该是一种高度的共识，它不但长久地存在，而且不言自明，大家习以为常，习焉不察，没有人去追问和质疑，这种东西对人心的支配是隐蔽的、牢固的。古人有很多争论，正因为有这些隐蔽的前提性的“共识”才可能发生，比如“任法”还是“任人”之争，“德刑”之争，“义利”之争等等。我对异、同的关注和处理，就是基于这样的认识和考虑来的，跟“风险”没有关系。其实，求同还是辨异本身并没有风险更高或更低的问题，因为都可能出错，因为你的结论是否成立取决于你的论据、论证是否充分。从这个意义上说，它们的风险是一样的。如果方法运用不当，思考不周，“求同”跟“辨异”一样，都会有很大的问题。

陈柏峰：我抢一次话筒感觉好难啊，抢了半天才抢到。（笑声）刚才我们谈到方法论的文化类型学，对这个话题我也简单地谈一下我的看法。我觉得其实所有的研究都是一种化约，化约是不可避免的。事物如此复杂，你只要研究它，讲它，你就化约了。但问题在于你能不能把核心的问题化约出来。有可能化约的时候，你把核心的放过了，把不重要的化约出来了，那就是一个失败的研究。你把核心的特征化约出来了，大家一看你讲的就是这个东西，抓住核心就可以了。梁老师刚才也讲了，其实不只是文化类型学会有这个问题，所有的方法甚至广义地来说，只要是研究都会有这个问题。再广义地来说，只要是“表达”就有这个问题。比如说梁老师在这里讲，过一会儿我给人表述梁老师所讲的，我就已经在化约了，因为我没有办法完全还原梁老师所讲的，甚至我都没有办法抓住他所要表达的所有的意思，他的表情、眼光等等。可以说，化约是无处不在的，人只有化约才能交流，才能理解。

梁治平：我相信各位在听我们讲的时候，都在做“化约”的功夫，因为不“化约”就没有办法去掌握所听到的信息。所以信息的传播就很容易出错，所以刚才我说到，对于邓正来的批评，我只能以柏峰的转述作为我的回应的对象。

五、法律人类学

陈柏峰：我接下来还想谈一个方法的问题。在您早期的研究中，孟德斯鸠、梅因这些人的影响还是蛮大的。后来的研究其实受人类学的影响比较大，包括格尔兹的影响，再包括芮德菲尔德的“大传统与小传统”的影响，[1]那您怎么看人类学的方法对法律史的研究，甚至我们最近青年人搞的社科法学的研究的影响？

梁治平：我不是人类学家，对人类学也没有深入的研究，但我个人从人类学中受益，刚才你也提到了。我欣赏人类学的最重要的一点是它的反思性：它是一门反思性很强的学科。它去研究“异文化”，然后把不同的文化经验带到自己的视野当中，给予它各种解释，有的是客观主义的，有的是主观主义的。不管怎么样，都很有意思。这是人类学对我非常有吸引力的地方。至于说它对法律有什么样的益处，首先它产生了一门学科，即法律人类学，在法律研究里比较系统地来运用人类学的方法。

除此之外，是否还有益处？我们可以各取所需，从它的传统里面找到很多的滋养，比如作为方法的田野研究，

---

〔1〕 大传统与小传统是美国人类学家罗伯特·芮德菲尔德（Robert Redfield）在1956年出版的《农民社会与文化》（*Peasant Society and Culture: An Anthropological Appoach to Civilization*）中提出的一种二元分析的框架，用来说明在复杂社会中存在的两个不同文化层次的传统。该书中译本可参见［美］罗伯特·芮德菲尔德：《农民社会与文化——人类学对文明的一种诠释》，王莹译，中国社会科学出版社2013年版。

它的整体观察方法，它的参与式观察，它对事物非常细致的“辨析”，特别是它那种很强的反思性格，这些对我们研究法律现象是很有帮助的。但是，如果你说它对规范性的法律学习或实践有什么帮助，那也未必。我们四个人坐在这里，可能是“臭味相投”，大家都觉得法律应该放到这个位置上来认识，相信只是在传统内部去解释法律是不够的，还应该从它的外部去观察它，或者把它作为一种社会现象去理解。如果持这种看法，那人类学当然就是一种很宝贵的传统。但对于没有这种兴趣的法律学子来说，人类学有什么益处呢？

我们学法律，成为法律人，做律师去为当事人的利益服务，或者做法官去适用法律，当然要在法律传统内部，按法律的要求做事。但不要忘记，那只是你的职业、你的社会角色。但你首先是一个人，人是完整的，他还有好多需求，包括精神上、知识上的需求，那是超出社会角色所要求于你的。这个时候，我觉得我们每个人都应该会有一种受教育的需求。我说的受教育不一定是受老师的教育，也不一定要受学校、机构和什么组织的教育，而是一个开启自我心智的过程，就是学习如何去看世界、如何去反省人生。这意味着你可以重新去看法律，甚至去看你自己的角色，就好像你完全超脱了，去看你怎么去适用法律、法律对你会发生什么样的作用、法律在这个社会当中起什么样的作用。在这个时候你应该是跳出法律之外去看的。所以在这个意义上，我觉得我们每个人都不同程度地可以从人类学当中获益。

尤陈俊：我是否可以这样理解，您刚才所讲的人类学的视角，其实有助于反思我们自身的一些问题。其实我觉得您在您最早的书中，包括《法辨》和《寻求自然秩序中的和谐》，除了汲取人类学的滋养之外，还有一种方法，即语词的分析的方法。比如在《法辨》里面，我觉得您对中西法文化的法的概念的背后的含义，作了十分全面的分析、更深刻的辨析。在《寻求自然秩序中的和谐》中，您对中国传统的"家""刑""法""律""公法""礼法"这些概念也做了辨析。我不知道您是怎么认为的：在法律研究中，使用语词分析的方法，有哪些优点，或者说在运用这种方法的时候，有哪些地方需要注意？

梁治平：语词涉及的是非常基本的问题。语词是我们的认识符号、表达符号，而且是一种浓缩的文化符号。语词构成了范畴，构成了概念，这里面蕴含的东西往往是文化长期积累下来的。当然现在许多词可能是昙花一现，有些词大家用了几年，不流行了就不用了，每年又有很多新词出来。这种词可能没有那么深的文化意味。但是我们看传统的词汇里面，很多都非常厚重，传递了丰富的历史文化信息，是我们认识历史，也包括现在的一个非常重要的入口，或者说媒介，甚至有的时候，它就是我们要认识的事物本身。

这里有个非常重要也是非常微妙的问题，那就是现代汉语的性质，它与古代汉语的关系，其实也是古今两个世界、两种思想的关系。现代汉语是一种语言，但也不单纯是语言，而是一种经过改造的，融合了新的世界观、生命经验的语言，它的重要性怎么说都不为过。现代汉语和古汉语之间的关系非常微妙。一方面，现代汉语里很多字和词都是从古代传下来的，而且也或多或少包含了过去的一些意思，但另一方面，它们同时又有了新的意思，里面进来了很多“异文化”的因素。结果，我们在用这套语言讲述历史的时候，不经意之间，就把历史曲解了，改变了。我们都有这种经验：读一段古文，觉得很精彩，但是用白话文把它翻译出来，你会发现真的是淡如白开水，一点味道都没有，而且很可能还不能把原来的意思完全转达出来。尽管都是汉语，用的字和词也都是古已有之，但就是不一样。广义上说，用现代汉语讲古代的故事就是在翻译，而且是文化间的翻译。文化间的翻译很难，想象一下用中文去翻译意大利的诗，或者用俄文去翻译中国的《红楼梦》，有的批评家就会说，翻译剩下来的东西是诗，翻译过去的都不是。那翻译是不是完全不可为呢？也不是，它毕竟把那个意思传递了，让另外一些语言的读者领会了。但领会的是不是“原初”的意思，就存在疑问了。当然，“原初”是打了引号的，因为本来诗无达诂，理解是各种各样的。翻译其实就是文化之间，甚至是人与人之间沟通的最微妙的、最有趣的过程。它既是可能的，又是不可能的。中西之间、现代语言和古代语言之间都有这个问题，而后者的关系可能更加微妙，更加复杂。因为现代汉语和古汉语之间的传承关系，很容易产生误导，让研究者一开始就误入歧途却毫无知觉。但是反过来，在这个方面做深入、细微的辨析，对我们认识世界也会非常有益。

《法律的文化解释》对这个问题讨论较多。这实际上是一个可以在学术上深入探究的话题，在学者当中有过很大的争论。人类学家在讲述另一个民族的故事的时候，用什么样的语言去讲述？如果用部族的语言，没有几个人能懂，研究部族的人和部族的人能懂，但不够啊，你要把这个东西传递到世界的其他地方去。但传递就是翻译。翻译会不会把最重要的东西给丢掉了，或者把它曲解了。这是非常严峻的问题。到底使用什么样的语言好？这既是一个困难的问题，又是一个特别有趣、蕴含着创造性的领域。我个人很注重语词的研究，虽然我的研究还很粗浅，但方向是对的。问题是很多研究者没有这种意识，当然也就谈不上自觉，他们的工作是翻译，是转换，但他们没有意识，还以为是在客观描述，这就很糟糕。这项工作其实要求很高的自觉性、很高的技巧，这对研究者是很高的要求。

尤陈俊：刚才您讲的问题让我想起了在人类学领域中有一场非常著名的争论，就是格卢克曼和博安南的争论，他们去研究不同部落社会的时候，最后写出的著作使用的一些观点和概念是应该使用他们本部族的那些固有的语词，还是使用当时西方通用的语词。[1]其实就是您刚才所讲的概念在不同文化之间的转译有没有可能的问题。但是这个问题我们今天有一种所谓的定论：我们作研究必须要对它做一些转译的工作，至少一些必要的工作是不能省略的。刚才你也谈到了人类学。按人类学家芮德菲尔德的分类，他把文化分成了大传统的文化和小传统的文化，但在您的研究里面，如《法辨》和《寻求自然秩序中的和谐》这两本书里面主要是关注大传统的法律文化，而到了后来，包括您出版的《清代习惯法：社会与国家》那本书的时候，关注的是小传统的文化。我不知道您是怎么看待这种大传统的文化和小传统的文化的区分，以及后来您从关注大传统到转向关注小传统，这背后是有什么样的因缘在促成，或您觉得您这种学术关注中心点的转移有什么比较重要的意义？

梁治平：对我来说，这是一个很自然的过程。《寻求自然秩序中的和谐》里面有五章都是在讨论所谓“民法”的问题。一般都认为，中国古代民法不发达，这种看法其实也是假定，现代法律（实际也是西方法律）的范畴、分类具有普适性。而我要说的是，中国古代法的精神是从它的文化里来的，在这种文化里，“民法”“私法”这类概念从一开始就不会有，它不符合这个文化的逻辑，这类概念本身就自相矛盾。在中国，法是君主垄断的东西，跟

---

〔1〕关于这场争论，可参见王伟臣：《法律人类学的困境——格卢克曼与博安南之争》，商务印书馆2015年版。

“公”相连，而且，现代民法里的一些基本内容，古人认为不重要，让“民”自己处理，而“民”的习惯只是“俗例”，不是法。这和西方的传统很不一样。我们知道，古罗马时代，外事裁判官依据习惯裁判案件，发展出万民法，法学家从中阐发学理，发展出私法学。这样的事情在中国没有发生，也不会发生。当然，这并不是说中国人的生活里没有西方或者现代民法要处理的事务或内容，比如各种各样的交易，合同、雇佣关系、租赁等等，更不用说婚姻、继承这些了。如果只看制度的功能，你也可以说，这就是中国的民法，事实上，过去中国法制史就是这样做的。这样，中国法制史自然可以放在一个现代的也是西方的法律概念架构里讨论、评估。而我希望揭示出技术、制度、功能层面后面的东西，那就是意义，或者，用我当时的说法，制度后面的根据。不同社会的制度，只看功能，接近的甚至重合的地方会多一些，社会的经济形态相近（比如都是农业社会）更是这样，所以人们会说，你看，西方有，中国也有，都差不多，只不过西方发展快，中国落后罢了。但从文化类型的角度看就不是这样，中国社会所经历的阶段、发展的方向，还有它的生活样态之所以不像西方社会的，根本的原因还要在文化，也就是社会的意义系统中去找。借着讨论“民法”问题，《寻求自然秩序中的和谐》从几个不同方面进入这个意义系统，最后是用“礼法文化”和“私法文化”这样一种概括和区分，来说明中西法律文化上的差异。

但是，这个工作做完之后，我觉得有一个很大的缺憾，就是从大传统角度讲的这些问题，比如“无讼”作为一种努力、一种理想，还不能在微观层面上说明实际的社会生活是怎样的。老百姓还是会有诉讼，他诉讼想要解决什么问题，或诉讼之前，这个纠纷有了，那这个纠纷产生的秩序的背景又是什么？这些问题其实是小传统里面的，需要深入日常生活中去考察这一部分。后来有了一个机缘，我就做了这个方面的研究。当时写了一篇论文，后来把它发展成一本书。这个自然也很符合我的学术旨趣，它也是社会学、人类学非常关注的一个方面，即实际生活的样态。

区分大传统和小传统，我觉得很有帮助。因为我们通常讲文化、讲传统的时候（特别是 1980 年代），都是在讲大传统，讲经典，讲思想史。人类学讲文化，离不开小传统，比如李亦园先生，他讲文化就很注意小传统，如民间宗教等等。文化的这部分实用性比较强，让我们看到社会生活的另一面。而在中国的语境里面，它和大传统之间构成什么样的互动关系，也是非常值得注意的，这也是我研究中的一个重点。

陈柏峰：刚才讲到人类学的研究，是运用内部语言好，还是外部语言好。这个问题放大一点来看的话，我觉得是一个萨义德所讲的“东方学”问题。实际上所有的后发国家都面临这个问题。比如我们现在大学校园里面用的一套东西都是西方来的，离开了西方的语言没有办法来表达自己，可以说是后发国家的一个悲剧。后发国家的人要么没有办法来表达自己，要么一表达自己就是用别人的东西来表达自己。我们从近代以来，包括“五阶段论”，也是这么一个问题。我们想要表达自己，但我们又要借助别人的工具，结果一表达之后又不太像我们自己，就是这么一个悲剧性的冲突。我觉得它是广泛地存在于我们学术当中的。当然这个过程又会变得很复杂，复杂在什么地方呢？本来不是那个东西的，你又要用那个东西来表达它，慢慢地它就变成了那个东西。比如说我记得您研究过申冤与维权，[1]这个东西实际上变得越来越难以辨析。它本来最开始可能是申冤，但我们却要把他说成维权，因为我们现代语言没有申冤这回事，只有维权，那么就用维权去表达它。然后那个受众，包括那个行动者，听说自己的行为被描述成维权以后，他自己也就表达说自己就是维权，逐渐地他就成了维权。概念、行动、结构或者观念之间这种不断复杂的互动，也许我们的现代就是这么一个过程，包括社会的、学术的现代化。但我这不是一个问题，是一个评论，想到了很多，很复杂。

梁治平：你提到《申冤与维权》这篇文章，这是用法律的文化解释方法来处理当代社会现象的一个尝试。我们看到，强调意义的文化研究视角是可以用来观察当下社

---

〔1〕 梁治平：《申冤与维权——在“传统”与“现代”之间建构法治秩序》，载《二十一世纪》2007年第6期。该文收入梁治平：《法律何为》，广西师范大学出版社2013年版。

会现象，指导我们的研究的。我们可以从意义的角度来考察社会行动者的行动。传统上，“申冤”是一个很有意义的符号，有正当性，有号召力，可以产生社会影响。但在今天，无论是作为工具，还是一种意义表达，它仍然很重要。而“维权”是一个现代概念，这两个词、两个概念代表了两个世界，而这两个世界今天其实是挤压在一起、融合在一起的。所以，文章里当事人的维权不是单纯的维权，不是比如西方人理解的维权，它含有申冤的因素；但申冤也已经不是传统的申冤，也已经有了维权的因素。这是一个复杂的过程，会对中国的法治进程和未来的中国社会有深刻影响。

另外想接着你刚才的意思说一点，简单说就是，中国人在过去一百年里最大的悲哀在于失去了讲述自己故事的能力。没有一种合适的表达方式，这是一方面。但可能比这还要悲哀的是，我们根本失去了认识和理解自己的故事的能力，我们忘掉了那个故事，而讲出来的时候，那个故事根本就不是“原初”的故事了。当然从某种意义上来说，本来就没有“原初”的故事。故事总是被重述的，每次重述，都会改变，关键是看这种改变是不是创造性的。我们最大的悲哀是，每次重述的都是别人的故事，而我们却以为是自己的故事。当我们这样做的时候，缺少适当的表达方式是很重要的一个原因。

汪雄涛：我接着柏峰的话补充一句。芮德菲尔德分“大传统”和“小传统”，这是一个非常有意义的分类。

在中国的法律传统之中，有两个很重要的语词，一个是情理，一个是冤。滋贺秀三对情理做了极为细致的考察，寺田浩明对“冤”也做了极为细致的考察，[1]应该说他们都抓住了小传统中一个非常好的语词。但是就像您所批评的，他们还是不自觉地回到了他们自我设定的“法首先是规则”的法理学起点。我借此想说的是，这种语词的方法它还是无法避免自我所设定的陷阱。您怎么看？

梁治平：这是任何研究都可能出现的。任何研究都可能失败，或有各种各样的问题。那么原因在哪里呢？对语词的关注，就比如你举的这个例子，我觉得它的重要性是没有问题的。在任何情况下，对语词的检讨，只要是深入的、恰当的，都会给我们很多反省的机会。我们会考虑，我用的这个词是不是能很好地传递出那种含义来？那个词后面的历史的、文化的、意义的世界究竟是什么？我们在翻译（广义上）的时候能否很好地翻译它？我们自己的立场是什么？我们的立场会遮蔽什么？保持这样的反省，我们的研究就会具有一种深度，有一些别人不一定能达到的东西。比如你提到的滋贺秀三和寺田浩明，他们两人的研究都有很吸引人的地方，虽然最后的结论还是受到某些限制，有不太令人信服的地方。我最初是因为很偶然的机会接触到他们的东西，读了以后挺兴奋的。因为我发现他们的研究路向，和我自己自写《法辨》以来走的这条路

---

〔1〕［日］寺田浩明：《权利与冤抑：寺田浩明中国法史论集》，王亚新等译，清华大学出版社2012年版。

非常接近。尽管我们还有很多地方可以讨论，可以互相批评，但是方法上面真的非常接近。

当然，注重和运用传统语词分析的学者也不是只有他们两位，像草野靖的研究里面就用了很多当时的概念。还有中国的老辈学者比如杨联陞，从“包”“保”“报”这些概念入手去研究中国文化[1]，也是很有意义的。同样，倡导社会科学本土化的台湾学者杨国枢、黄光国的“面子和人情”的研究[2]，也是非常有创意的。希望提出中国问题，或对流行的、源于西方社会理论、社会学的一些重要概念和结论加以补充或修正的研究，就要从这里入手，要从中国固有的概念里面去做这种工作。

六、法律史

尤陈俊：您刚才所讲的一些概念，像冤情、情理、申冤，包括您谈到的那篇文章《申冤与维权》，我发现其实并不只是描述过去时使用的概念。它们背后其实带有一种很强的现实关怀。在您之前作的研究里面也有这个特点，比如您在作《法辨》《寻求自然秩序中的和谐》《清代习惯法》时，看起来讨论的是中国法律史上的问题，但其实背后都带有一些现实关怀。刚才您也讲到，您 1998 年

〔1〕 杨联陞：《中国文化中“报”“保”“包”之意义》，贵州人民出版社 2009 年版。

〔2〕 有关这方面的研究，可以参见黄光国、胡光缙等：《人情与面子：中国人的权利游戏》，中国人民大学出版社 2010 年版；杨国枢主编：《中国人情系列读本：中国人的心理》，中国人民大学出版社 2012 年版。

或2000年以后的研究可能更多地会直接面对现实，如您写的关于法治、社会转型时期的制度建构、乡土社会中的法律秩序，这些都是直接研究所谓现实的。其实法律史的研究往往被人们诟病的地方就是说没有现实意义。事实上，包括我在内，还有我们的前辈，常常被我们的同学问：你教的那个学科，你学的那个东西有什么用？我们常常会受到这样的质疑，因为很多人认为这个学科研究的东西都是过去的。即便你对清代的法律了解得再多，那也不能拿到清朝的剑去斩当代的贪官。您能不能跟我们分享一下，从您的研究经历来讲，怎样去通过关注过去而获得现实关怀？您觉得有什么心得？或面对过去的法律史研究的现实关怀怎么去养成？

梁治平：一般地问历史有什么用，包括法制史、各种各样的“史”有什么用，我可能给一个现成的答案：历史的作用就是帮助你认识自己。据说古希腊的菲尔德神庙上刻了一句话：“认识你自己”。我觉得历史就起到了这个作用。很多人以为历史不重要，现实才重要。但现实会变成历史，我们怎么就认为历史不重要了呢？历史是我们的昨天，是昨天的现实，为什么昨天就不重要，当下才重要呢？难道当下不是从昨天过来，不是昨天的延伸也因此受制于昨天吗？人一般只关注眼前的事，可能人性就是如此。前面讲到教育，其实历史在教育里的作用非常重要，因为教育也是要达到认识自己的目的，这是很多别的知识的传授做不到的。其实人是离不开历史的。我们此刻的每一分钟过去都成为历史，历史是与我们血脉相连的一个部分。忘掉历史，你就成了一个失忆的人，生活没有方向，没有意义，非常可悲。

那么，具体的研究里面怎么去贯通历史和当代？首先要说明，并不是所有的历史研究都要有现实的关切，都要贯通古今。有的学者做史料研究，孜孜矻矻许多年，坐冷板凳，乐在其中，也有所贡献。学术有分工，我们每个人都有自己的兴趣。就是“为学问而学问”，也值得赞赏，特别是在我们这个时代。但有一些历史是不一样的。

某种意义上说，“所有的历史都是当代史”。每一代人对历史的兴趣，都有当代的视野、当代的关怀、当代的风尚灌注在里面。这样历史就常新。同样一个历史，大家研究的兴趣、角度不一样，得出的结论也不一样。重要的是能够保持一种自觉，能够看到历史的关联，意识到我们作为研究者、观察者和讲述者在历史中的位置。比如前面说到 80 年代的“文化热”。我提倡法律文化研究，也受“文化热”的影响，有那个时代的烙印。如果没有“文化热”，可能我也会朝这个方向发展，但具体方面可能会有些不同，有些不一样。这些差异是时代造成的，只不过，我们经常意识不到这一点。很多事情也只是事后才看到。所以，对自己的问题意识和立场保持反省就非常重要：我为什么要选择这些题目？这些题目可能是从阅读中来，因为大家都在讨论这些问题，那你就再问：为什么大家都要讨论这些问题，他们的问题从何而来？这样，你可能要看这个学术的传统，看它要解决的问题是什么。这些问题也可能是隐藏的、不明显的，但你通过这样一种追问、反省，包括你对承继的学术传统的反省，就能够把它们显露出来。我觉得这是成为一个好学者非常重要的步骤，或者说一个标志。通过这样一种观照，历史和现实就会贯通起来。当然，更根本的是，历史和现实本来就无法分割，不了解历史，不可能真正理解认识现实。

陈柏峰： 刚才梁老师谈到历史与教育的关系，我想到很多。我记得我在纽约的时候就跟那些华人讲：你们的孩子不仅仅应该学习汉语，还应该学习中国史。要是不知道中国史，他怎么能说自己是中国人？我最后走的时候，把我的汉语书全部捐给了当地的图书馆，就希望他们能看到更多的汉语书，那不是很好吗？我下次去，就把中学的历史教材多带些过去送给他们。我真的觉得除了语言要懂以外，还要懂整个中国的历史。当然研究又是另一回事，这是一个很长的话题。因为今天时间的关系，我们只能到这个地方。我们准备的问题还没有问完，但是我们现在还要开放出一些问题给大家，让大家向梁老师提问。当然如果你们对我们三个有兴趣的话，向我们提问也可以，但主要是向梁老师提问。我们的机会很多，梁老师的机会不容易。

七、提问环节

提问一： 梁老师您好，我的问题是：当今中国出现了越来越多的冤假错案，如佘祥林案和念斌案等等。产生冤假错案的原因有很多，我想知道的是中国的法律文化传统是否对这些冤假错案的发生有影响？如果有的话，具体表现在哪些方面？

梁治平：这是大家经常说的问题，我想你提这个问题也是有感而发。大家觉得我们的文化是一个没有法治传统的文化，都是人治，草菅人命，但历史不是这样简单的。草菅人命的情况固然有，但古代社会也有它的秩序观、正义观，不是无法无天、随意判案。我们现在讲人权，古代没有这个概念，但实际上，古人对生命恐怕比现代人看得更重，大家都知道“人命关天”这个说法，这是古人的说法。在古代，“天”是一个很高尚的、有神圣意味的观念。所以，“人命关天”不像在现代就是一个比喻，而是有一种庄严的宗教的意味。国家的制度这样安排，如果风调雨顺，国泰民安，就没有什么问题。但如果这个国家秩序紊乱，出现各种灾异现象，如水灾、旱灾、战争等等，他们会认为这可能与狱讼处理不当有关系。所以就会去清理监狱里应审未审的人，纠正错误的行为，尤其是要平反冤案，大赦天下等等。

涉及人命，古人就更是不敢懈怠，对死刑的判决和执行，尤为慎重。比如死刑是需要皇帝亲自审核批准的，死刑从判决到执行，中间还有若干审核程序，也不是最后都执行。至于死刑的人数，按历史记载，没有办法和现在比。中国现在一年有多少死刑，那是国家机密，我们不知道，知道也不能说，但应该比古时多出不少，因为不管从观念上还是程序上说，现在的死刑判决比古时都要容易。前几年，最高人民法院收回了死刑复核权，对死刑判决更慎重了。

我们今天讲人权，讲罪刑法定，疑罪从无，但还是屡屡有刑讯逼供，冤假错案。原因何在？很多人喜欢到传统里面找原因，这种心态本身就很值得分析。站在现代人的立场上看，古代的法律制度固然有种种问题，但它并不像很多人以为的那样简陋。比如清代的法律制度，其实也是高度发展的，案件的审理从县一级开始，层层批拟，比较严重的案件，要较高层级才能决定，死刑要报皇帝亲自批准。这个过程中，很多官员要参与其中，提出法律意见，有问题还会讨论，因为意见不同而争论或者驳回的事情时有发生。有的案件，即使是皇帝出面决定，也有人反对。比如雍正时发生的曾静案。曾静谋反大逆，按大清律例是要处以凌迟的。但雍正皇帝为了教育“全国人民”，就把他留下来当一个活的教材。但他下面的官僚们认为，皇帝也要按法律办事，不能凭个人想法想杀就杀，想留就留，所以很多官员都反对雍正皇帝的决定，让雍正皇帝压力很大。这种情况大家能想象吗？

我举这些例子，并不是说古代制度没有问题，也不是说过去的经验对今天没有影响，而是想说，今天的问题有自己的原因，我们自己要首先对这些问题负责，动不动就把责任追到古人头上，不是一种恰当的历史态度，更多的是一种意识形态的宣泄。

提问二：我首先想问关于昨天讲座的一个问题：我们既要法治化，又要国家治理现代化，这两个概念间是什么关系？他们是可以等同的吗？第二个问题是：刚才老师谈到，有时候我们难以自我表达，或者说难以重述我们自己的文化或历史，那我想问的是，是我们自己丢掉了这种能力，还是说因为我们整个社会的变革，使我们的文化资源与我们的语言范式本身，不能提供一个表达自我的机制，使我们必须借助于外来的文化资源和语言范式？这是我的两个问题，谢谢老师！

梁治平：按官方的表述，第五个现代化就是治理体系与治理能力的现代化，具体表现为“全面推行法治”。也可以说，推行法治是建构第五个现代化的核心。对这种表述和构想，自然可以进行讨论。比如为什么说法治是建构第五个现代化的核心？法治的含义是什么？如何实现这样的法治？这些是我昨天报告讨论的问题。

第二个问题，并不是说我们用了西方的概念，用了西方的语言，吸收了西方的文化，就不能去讲自己的故事，失去了这种能力。不是的。相反，我们是首先失去了这种能力，所以不管什么东西到我们手里，都是无用之物，都可能造成恶果。在有这种能力的时候，你能化腐朽为神奇，你可以把文化中最精粹的东西创造性地激活，把它结合到新的社会生活当中去，把不同的文化结合到一起。这方面成功的例子有，比如日本转型就做得比较好。日本是一个现代国家，采纳了很多现代西方的制度，但是它也较好地保留了自己的传统，这些东西可以很和谐地在一起，这样它就保住自己民族的特点。但中国就不是这样，我们没有保住自己的文化，没有文化的自觉，更没有自信。在我们手里，传统是坏的，西方传来的也是坏的，资本主义是坏的，社会主义也是坏的，我们不能化腐朽为神奇，而是把神奇的化为腐朽。这就是失去创造力的表现。所以创造力是比具体的表达形式更重要、更根本的东西。但为什么没有创造力？当然原因很多。

我们现在需要有文化自觉，就是意识到我刚才说的这些问题，意识到传统的失落，意识到我们可以做什么、应该做什么。在这种高度的自我意识上去谈文化自觉，对文化，对传统，才能有一种新的理解。只有在这个基础上，才谈得上文化自信。顺便说一句，文化自觉和文化自信如果是由一个政治组织、政治机构去主导和推动是无法奏效的，政治推动也不是完全没有意义，但是它作用有限，还会带来很多负面的东西。特别是在今天，政治无所不能，无所不为，想要把所有的东西都纳入到它的控制之下，这个时候问题更大。文化要繁盛，必须有生长的空间。如果不尊重个人和社会的自主性，用政治手段解决一切问题，那不但会失败，而且是悲剧性的。

提问三：自“五四”以来、80年代“文化热”以来，多是不满足于现实而苛责古人的这种氛围，然后是一种简单的外显化的批判的视角，而您提供了一种内在化、体贴式的观察，对我们这一代，甚至下一代的学生，是一个很好的标杆，避免了我们简单化地去理解问题。我的问题就是，“五四”以及80年代“文化热”背后的恶疾没有解决，近代的这种文化焦虑没有化解，该怎么办？从春秋战国到董仲舒，化解了这样的问题并且集大成，到朱熹又化解了佛教对汉族的冲击。但近代以来，这种冲击是没有化解完的。在这样的一个过程里面，我就想到底有什么人物，对历史上这种冲击及相应的化解作了有共性的、有益的探讨？现在，梁老师您是一种学术上的指引。从思想史上来讲，我特别想到一个人物，顾准。12月3日是他的逝世纪念日，今天是他逝世45周年的纪念日。那么我想向梁老师请教一下，你怎么看待顾准在我们近代的这样一个地位？谢谢梁老师。

梁治平：这个问题非常好，但我不知道能不能回答。顾准的书我是读过的，而且也引用过，那是80年代的时候。我认为顾准是非常优秀的知识分子，尤其是在他那个年代，他的那种清醒的、独立的、对社会的批判性的认识真的是独树一帜。但要问顾准能不能扮演类似董仲舒、朱熹在历史上扮演过的那种角色，坦白讲我觉得不能。

我对中国历史有这样一个观察：我把中国文明分为三期，第一期就是三代，它的顶峰是周代的礼乐文明；第二期是秦汉以后，一直到清代；第三期就是民国以后到现在。我们看到第一期文明成熟了，成熟以后就衰落了，春秋战国时代就是它的衰落期。第二期文明呢？它是在秦汉的时候，到董仲舒之后，甚至到王莽之后，从政治架构到意识形态到文化整合各个方面，才逐渐定型。儒法合流以后成为中国的主流。那么第三期文明是什么情况呢？我们现在面临的是和春秋战国时候同样的文明崩解的局面。那个时候，弥合文明的崩解，是用了好几百年的时间，我们距清末不过一百多年，现在还处在文明重建的过程当中，还没有走出来。第三期文明还是一种可能，一个愿景。从这个角度看，虽然我们现在面临着很多具体问题，如住房、医疗、教育、社会保障、环境、经济增长、法治、政治改革等等，但我们把眼光一点点放开就会发现，我们面临的更大的问题其实是文化重建、文明重建，我们面临的问题和春秋战国时候是一样的。当然，很多具体的情况是不同的：那个时候它还是一个文明内部崩解了，而现在我们面临的是全球化，中西文明交融，有新的契机，也面临新的挑战。你说顾准能成为像董仲舒那样一个承上启下、奠定新秩序基础的人物吗？董仲舒不但承接孔子、孟子、荀子所代表的思想，也吸纳了儒家以外的各种思想资源，最后把这些东西在思想、文化和制度上整合起来，这样的人物也是几百年才有一个。我们现在当然也需要这样的人物（仅就其思想的创造力而言），但在今天的制度背景下，这样的人物基本上不可能出现。顾准当然有他的贡献，可以作为优秀的知识分子被大家记住，他的精神也应当被大家继承和发扬。但只有顾准是远远不够的。中国需要一批真正有分量的思想家出来，否则这个民族没有希望。中国不能只凭着廉价商品去证明自己的崛起。中国崛起（暂且用这个词）终究要靠思想，靠文化。

陈柏峰：谢谢梁老师，我们的时间有限，问题总是很多，也不能不结束了。最后让我们以热烈的掌声感谢梁老师精彩的“考核”！（热烈的掌声）谢谢大家，我们今晚的活动到此结束。

（王福强整理，刘磊校对）

中国的法律与社会变迁*

——暨《法辨》《清代习惯法》《礼教与法律》发布

嘉宾：

梁治平　高全喜　王人博　周　濂

梁治平：

谢谢活动组织方，也谢谢在座的几位嘉宾，还有来参加这次活动的各位老师和同学。

出版社的朋友跟我讲到这个活动的时候，我很犹豫，因为这些书都不是新书，特别是《法辨》，里面收的文章都是80年代写的，快三十年了，拿这些书来讨论，有炒冷饭之嫌。最后我答应来，主要是把这看成是一个跟北大老师和同学们见面的机会。

主持人让我先讲几句，那我就简单介绍一下这几本书的情况吧。

---

* 本文系由2015年4月17日在北京大学法学院凯原楼报告厅举行的“新民说文化沙龙”同名专题暨图书发布会上的发言录音整理，由各发言人审定。活动由广西师范大学出版社和《中国法律评论》杂志社共同举办。

大家看到的这三本书，写作和出版的时间跨度很大，讨论的问题，还有写作风格，也不太一样。而且，把这三本书放在一起，完全是随机的，没有特别的考虑。所以，要找一个合适的题目把这几本书都放进去，也不容易。不过，既然这些书都出自一人之手，其中总是有些联系的。

《法辨》是本论文集，里面收的文章是 1986 年到 1988 年之间写的。文章涉及面比较广，风格也不完全一致，比如《“法”辨》《说“治”》这两篇，更像学术论文。其他都是书评和评论类文章。写这些文章的时候，我还不到 30 岁，年轻，什么都讨论，结论也很大胆。现在看，问题不少。不过，透过这些文字，除了看到当时的我，也可以感受到那个时代的思想氛围。

写这些文章的同时，我也在写一本书，叫《寻求自然秩序中的和谐：中国传统法律文化研究》，那本书的写法，特别是研究方法，跟之前的论文《“法”辨》有很大关系。《寻求自然秩序中的和谐》是在 1988 年完成的，1991 年在上海人民出版社出版。这本书的主旨，就像书的副标题表明的，是从文化角度去研究中国古代的法律传统。这本书用了好几章去探究一个现象：中国古代法律典籍很多，却没有单独的“民法”，没有“私法”这样一个传统。我的基本观点是，私法是一种文化上的构造，中国古代没有这种传统，是因为中国文化不支持它。所以，古代中国虽然有很丰富的经济生活，有各种形式的交易，比如借贷和买卖，也有调整这些关系的法律和习惯，但是这些东西不是“私法”。很明显，这部分研究解释了中国古代法不是什么的问题，却没有回答它是什么的问题。后来写《清代习惯法》，部分就是要回答后面这个问题。

习惯法是一种民间自生制度，它就存在于老百姓的日常生活里，属于人类学家说的“小传统”。正因为扎根在日常的社会生活里，习惯法这种制度生命力顽强，有可能在各种社会震荡之后存活下来。不像“大传统”，虽然精致，位置也高，却很容易在剧烈的社会冲击下断裂或灭失，比如《大清律例》，革命一来就被废掉了。民国以后，有了《六法全书》，如果只看法律文本，过去几千年的律典一点痕迹也没有留下来，这个传统完全断了。“小传统”就不一样。我曾经看过一份1969年的民间交易契据，那是“文革”期间，文书上有“革命委员会”的大红章，但是把红章盖起来，说那是民国甚至清代的交易文书，你也会相信。因为对习惯法的关注，我后来的研究很自然地延伸到当代，写了像《乡土社会中的法律与秩序》一类文章。同时，我也更注意从多元的视角去观察和理解中国社会的法律与秩序。

《礼教与法律》是一本小册子，书的副标题是“法律移植时代的文化冲突”。说得更具体一点，它聚焦在清末的礼法之争，目的是通过对当时那场争论的深层分析，来思考一些对我们今天仍有重要意义的问题。比如怎么认识自我，怎样看待传统，怎么协调传统与变革、过去与未来的关系，如何去构想现代中国，如何去实现这种构想，等等。写这本书是出于偶然，但也可以说很自然，因为接触到一些材料，触动了心里的关切，就有了写作的冲动。这一点跟写《法辨》的时候很像，而且，内心的那种关切也可以接到那个时期。尽管过去了很多年，研究的具体问题，还有看问题的角度，都有不同，但是关切基本没有改变。

今天这个活动的题目，叫“中国的法律与社会变迁”。这几本书研究的问题，大体上也不出这个范围。所以，读者从这几本书里，可能会看到某种轨迹，也可能产生一些疑问或者疑惑，还会有批评。这些，正是我希望听到的。

高全喜（北京航空航天大学法学院教授）：

非常高兴参加这个会议，对于梁治平教授的为人及为学我还是多有了解的，参加此次会议，看到老朋友的著作再版复再版，很替他高兴，也想借此机会谈几点看法。

第一，我觉得在中国法学界，要说有一个风格独特，尤其是具有儒雅之风，文字隽永，思想深刻，能够中西古今汇通，把传统寓于现代的学者，这个人非梁治平教授莫属。我们法学界有很多专家学者，有专治纯粹法理学的，也有做中外法制史的，当然，更多是做部门法学的，诸如民法学、刑法学、程序法学、宪法行政法学的，等等，这些学科也肯定涉及中学与西学。然而，能够把西方和中国两种法制文明的内在机理贯通起来，能够把传统的东西和现代的东西联系起来，在古今的断裂处寻找到内在的衔接，我觉得具有如此视野和学术追求的人并不多，大家都是技术专家，法科之学乃技艺之学也。我认为治平教授与上述法学专家迥异其趣，他三十多年的学术理论一直呈现着如此卓越的学术品位和追求，而且难能可贵的是用如此隽永的文字写出来，给我们奉献出如此厚重的作品，这一点颇为令人心仪与钦佩。假如要用一个词来概括的话，我以为这便是中国法学界的梁氏风格。这种梁氏风格蕴含着一种打通中西，超越古今，把法制中国的现代与传统的张力融汇于一种文明演进的历史道路中加以审视与解决，再加上文字隽永，论述审慎，富有哲思，别有一番学理通达的历史文化况味。不知我的这个说法是否成立，还请人博等法学界的达人予以评判，我觉得我提出的这个“梁氏风格”还是较为别致的，与治平教授的行谊相互般配。

想当年，上个世纪80年代中国改革开放刚刚起步的时候，那时候思想理论界几乎是文史哲的天下，有一个所谓“法学幼稚”的说法。不过，即便是在当时，大家也都公认在一片法学幼稚的荒漠之地，有一个人例外，这个年轻人就是梁治平。当时的《读书》杂志可谓思想界的排头兵，担负着启蒙的导向作用，中国最早的一批改革开放的思想界人士，大多在北京三联出版社周围进行思想理论的开创性活动。法学与经济学变成显学，那是90年代之后的事情了，所谓经济学帝国主义和法学帝国主义就更是后来的事情了，80年代凸显的是具有哲理的、中西对照的思想，当时能够面对法理学改革问题，并切入到中西法制史的问题意识中予以比较想考的，似乎只有治平教授最为醒目。那时的什么《走向未来丛书》、尤其是《文化：中国与世界》丛书，等等，法学界深入参与其中的，也只有梁治平。治平当时思想敏锐，才高八斗，贯通中西，写出了一系列法学文章，这是其他领域的学者所无可替代的，所以那个时代他的文章影响非常大，打开了人们对于封闭的法学学科的认识，而且为文史哲的文化思考，提供了一个法治的新视野，一改法学界那种坚硬的、冷冰冰的研究套路，原来法学也可以有文化、有思想、有情怀，也可以古今中西，无所不谈。

我那时候也在读书期间，对梁治平的很多文章，每次看到也都多有认同感。记得当时在《读书》杂志经常发表文章的，有两个人最有特色，一个是刘小枫，他的有关神学性质的文章，谈爱和怕，对人的灵魂刺激很大，原来神学不是我们一般理解的那种可怕的东西，它竟具有如此美好的思想穿透力；还有一位就是梁治平。治平的文章一改我对于法学的认知，法学不是什么研究犯罪之类的，也不是公检法这一套，而是如此地具有思想内涵，文字可以如此隽永。这两个人的风格，确实在当时形成了某种风气，滋润了一批又一批青年人的心灵。三十年风雨流转，每个人都有某种变化，我觉得梁治平的学术风格到现在依然没有太大变化，基本上把以前的思想加厚了，呈现的理论路径多元了，但他的内在追求，以及他的风格，还有关怀，大致没有变化，不像有些人天翻地覆，面目全非。

我所说的“梁氏风格”虽然属于某种客观感受，但我觉得这种风格还是具有两个依托。一个是他独特的方法论，我们看他的这几本书：《法辨》、《清代习惯法》与《礼教与法律》，基本上是把法社会学、法文化学、法历史学结合在一起，这种比较研究形成了梁治平自己一套对于近代中国法治演变涉及的大传统与小传统以及价值制度的独特方法，这种方法论，大体上不属于部门法学的方法论，但是具有文化哲学的高度，并贯穿着饱满的历史感。这种方法致使梁氏风格的写作具有开放的多元性，不同的读者都可以从他的论述中发现自己所要的东西，社会学、文化学和历史学在他的著作中，通过法的辨析而聚焦在一起，丰富了上述学科的内容，拓展了理论思考的边界。

此外，梁氏风格还有一个依托，那就是作者的思想情怀。我这几年与治平交往较多，他的洪范读书会我也经常参与，刚才吃饭的时候他还说不喜欢用“保守”定位某些学者，“保守”一词在不同的语境下是不同的。但是，对梁治平教授，尤其是他这些年的著作，我觉得仍然离不开保守这个词，我认为他是一种“保守的自由主义”。这个与我的主张也很一致。所谓保守的，是指他不是用激愤的思想情怀在中国百年大变局中去关照法制变革问题，而是深入其中，探究其所以然，进而梳理、把握，甚至审慎地辨析那些在历史大风大浪中不变的东西，指出它们才是离我们这个民族生活最切近的东西。当然，这种持一守中的法制礼仪、生活规则，未必就是“小传统”，这里我是不赞同梁治平、秦晖他们用这个词的，而是更愿意将它们称之为哈耶克意义上的“行为规则”。但无论怎么说，持守这类生活规则、内部秩序、习惯法则，等等，无疑具有某种“保守的”品质，但是，它又完全不同于现在所谓的复古主义。应该看到，保守的法则讲究的是习惯法，讲究的是法理与情理在人伦之间、社会生活之间的正当博弈，形塑的是一种自然正义的价值与秩序，而这恰恰是自由主义和法治主义所坚决维护与守卫的东西，是人类文明的底线。如此说来，这不就是保守的自由主义或法治主义吗？我想这也是梁治平学术思想的追求之所在。所谓梁氏风格，其方法如此，情怀如此，这才是其支撑点和坚硬的内核。

第二，谈了梁氏风格，下面我要谈一个学术问题。治平对于清代习惯法的研究，有一个非常卓越的地方，就是他并不像一般研究法制史的，仅仅关注一些具体的文案、条文、卷牍，然后考辨真伪，寻章摘句，等等，他基本上是一个法理学家的思路，从法理的角度把握、理解、分析这些内容的法治意义。例如，《清代习惯法》正文的前后部分，便是大量他与一些西方学者，尤其是日本学者的争论和探讨。日本学者研究中国法律一直是非常优秀的，有很多杰出的成果，但是他们毕竟不是中国人，没有这种感同身受的感觉，梁治平提出的一些观点，并非一个完全中立的第三者的客观分析，而是一个生活于其中的学者的自我反思。所以，就显得不像日本学者那样隔了一层，他的分析是语境中的分析，有一种文化的语境。

对此，我想多说一点。这些年我一直阅读苏格兰启蒙思想家们的著作，参加过多次与浙江大学发起的苏格兰启蒙思想的年度讨论会，我觉得治平的治学方法、分析理路和价值观念，与苏格兰思想有很多契合之处。我们看到，18 世纪苏格兰的一批思想家，他们面临的问题便是如何处理苏格兰本土经验与英格兰的关系，这里包括法律传统、政治传统、社会风俗、经济架构以及伦理道德，等等，几乎是全方位的，这些苏格兰的“小传统”与英格兰的“大传统”之间的关系，当然，苏格兰启蒙思想提供出一种卓越的文明演进论的理路，这个文明演进论蕴含着保守的自由主义与法治主义和自由贸易原则，等等。这一点，与治平研究的晚清修律以及中国法制文明如何面对西方法治文明的关系，极其相似。我刚才说到治平教授的学术理路是保守的自由主义，指的便是这种苏格兰思想的传统特征，有一种文明演进论的品性。

这里我稍微还要做一点辨析，我知道治平编辑过法律文化阐释的著作，他特别喜欢用“文化”来解释法律，我在此想提醒他的是，“文化”这个词过于宽泛，我觉得可能用“文明”更恰切一些，因为，“文化”多指征现象层面，而“文明”则包含了很多制度性的东西，没有制度难以形成文明。我们看治平教授着力考察的清代习惯法，主要的内容便是制度，例如有关家庭婚姻、财产析分、遗产继承、田亩典租等制度，正是这些制度性的习惯法，构成了中国传统社会的文明结构。治平是一个法理学家，他研究习惯法但并没有局限于习惯法，而是能够透过这些林林总总的习惯法，把它们提升到一个生活文明的高度上予以把握，把一些物的关系还原到人的关系，这就既比法制史的考辨具有法理深度，又比法理学家具有法制史的丰富内容。所以，各种民俗资料、习惯作法、历史档案、原始契约，等等，在梁治平那里就不再是死的东西，而是活生生的，由它们编织出来的是一个依然存续的中国社会生活，是现实的人与人的法律关系。我认为这是梁治平学术理论的最为独特的方面。

第三，下面我想谈一下我对于治平教授的更高的学术期望。关于西方法制史，我们都或多或少知道，甚至有人阅读过梅特兰、萨维尼、布莱克·斯通等人的著作，他们那些关于封建时代的英国法、罗马法和普通法的大量著述，一直是西方法学著作的典范。他们是大师，我们有幸领略过他们的高度。我们知道，他们对于英国法和罗马法的历史性研究，不仅仅只是因为他们是法学家，而且他们还是社会学家、历史学家，等等。以此视界来看中国，我希望梁治平教授的中国法制史研究，能够更上一个层次。我为什么这样说呢，因为研究中国法制史，尤其是晚清民国之际的法制史，与那些大师们的著作有一定的相似性，如果我们中国的学者能够提供一个类似于布莱克·斯通的《英国法释义》那样水准的中国法释义，梅特兰的《中世纪英国法》那样的中国法史，那将是怎样的伟大而光荣呢？

在此我想指出的是，我们传统的法制史研究过于狭隘，只是法学这种技艺性学科的专业知识，缺乏宏大的社会科学的视野和方法论。但梅特兰他们的著作，显然不仅仅是英国法，而是一部中世纪时代的英国社会的百科全书，除了法学分析，还有社会史、经济史和政治史的大量内容，这些内容支撑着他们对于英国法的研究，因此，他们的著作饱满、丰富，蕴含深刻，具有社会史的厚度。我注意到梁治平教授在《清代习惯法》一书中，也处理过社会制度，尤其是其中的经济学蕴涵，例如，他研究了习惯法中的婚姻制度、财产制度、借贷制度，等等，已经非常丰富了。但是，这些制度的真正研究，显然不是一门法学所能胜任的，还需要更为广阔的社会学科知识。由此，我一直有一个感慨，我们法学院的学生，从大学本科开始学法学，到了博士毕业还是法学，他们的知识结构中除了法学，就没有别的东西了。这样的法学之才如何能够研究社会呢？尤其是诸如中国法制史的那些内容，它需要广阔的社会科学的视野和扎实的专门知识，例如经济学、政治学、社会学或历史学的知识，这样，你才能真正深入地研究下去，在历史的矿藏中挖出金子。我觉得像北京大学这样的学校，应该培养这样的通才，而不是仅仅培养专家。

第四，也是最后一点，因为我自己这些年来一直从事于中国宪政史方面的研究，从我关注的角度来看，我要指出的是，梁治平教授再版的这三本著作，只是给我们提供了近几百年来中国社会生活的一个面向，这个面向确实由于他的著作使得我们对于它的认识趋于饱满和丰富，而且非常细腻，这也正是梁治平的著作具有吸引力的地方。但是，我要指出的是，这个面向只是一个方面，并非百年中国社会生活的全部内容。如果深入研究中国社会近二三百年来的历史演变，我们还要看到其疾风骤雨、大风大浪的另外一个面向。从甲午之战，西学东渐，东西碰撞，由此导致的整个社会的全方位变革，尤其是政治体制、经济体制、社会体制方面的大变革，一种革命激进主义的潮流也严重影响到法制领域和习惯法领域。对此，我要提个醒，梁治平的学术贡献是把巨变中那些不变的东西呈现出来给我们看，但我做的则是在不变的那些方面，试图寻找其变革的动力机制。两种理论路径，两种方法论，是否殊途同归，不得而知，还是留给同学们来考察与辨析。但无论怎么说，中国近现代史、法制史，确实存在着两个面向，存在着双元结构，这是所谓三千年未有之变局的中国近现代之独特景观。我想，像王人博教授等我们研究宪法学的，可能感受颇深。

究竟什么是中国社会的真相呢？我想，如果大家了解了上述我说的两个面向，那么回过头来我们再细细品读梁治平教授的这三本，甚至不只这三本，还有梁治平所有的著述，感受他那隽永、深刻和充满哲理的学术风格，可能会别有一番收获，读他的著作是一种享受。

谢谢大家，我先说这些。

王人博(中国政法大学教授。发言见下文《那些“曾经”的文字》。此处略)

周濂：(中国人民大学哲学院教授)

谢谢王老师精彩的发言。听完之后我有一个感慨，您是西南政法本科1979级的，梁老师是1978级的，可谓兄弟情深。王老师对梁老师《法辨》的前世今生可以说是如数家珍，里面到底有多少篇在《读书》杂志上发表，大家还记得吗？没错，是13篇。《法辨》当年副标题是什么，他也记得一清二楚，这让我非常地感慨。

然后就是一个疑问。您说同行之间是不买书的，但您却买梁老师的书。我的问题不是提给您的而是提给梁老师的：您为什么不送书给王老师呢？

王老师发言中有两句话我非常认同。第一句是，读梁老师的书“无左右之争，有智愚之别”。这个说法非常的好，今天很多学者恰好相反，有左右之争而无智愚之辨。第二句话是，“在座的同学如果不相信，买一本读一读”。

王老师在最后的发言中对梁老师提出了一定的质疑，您担心这种中西比较会落入“落后”与“先进”简单的二元对立。我个人的阅读经验是，梁老师最近十几年的思想发展应该超越了您这个论断。印象中今天刚开场的时候梁老师说了一句话：如果读者把这三本放在一块儿读，会发现他的思路是有变化的，而且也许有人会因此对他提出一些质疑。梁老师的言外之意是，他已经抛弃了这种“落后”与“先进”的二元对立观念，采取更加复杂的评价标准，当然，这或许又会引发另外一层的怀疑。事实上，如果读了梁老师在 2013 年 2 月份出版的《礼教与法律》，尤其读到最后部分的时候，我认为王老师的质疑应该就会烟消云散。

我今天的本职工作是评议，不是做主持。所以要向在座的各位朋友说声抱歉，我还要占用大家一些时间。

客套话我不多说了，刚才两位老师对梁老师的赞誉之词我无一字不认同。我今天也不打算做宏观的评价，我就简单汇报下《礼教与法律》的读后感。这本书前天才寄到我手上，由于今天下午我还有三个小时的课，所以我只是勉强读完此书，消化得非常不透彻。尽管如此，我依然觉得受益匪浅。这本书从 1906 年前后清廷的法律变革谈起，重点分析了礼教派和法理派之争。其中我印象特别深刻的是法理派沈家本常说的一句话：“此最为外人着眼之处。”这句话的言外之意是，如果我们不这么做的话，老外就会对我们指指点点，他们会认为我们落后、蛮荒、不文明。法兰克福学派第四代掌门人霍耐特有本书叫作《为承认而斗争》，梁老师借用了这个说法来形容时人焦灼的心态。某种意义上，积弱多年的大清王朝为了赢得列强的承认，不得不在政治、制度、文化各个方面改弦易辙，不惜易容或者整容，甚至如哪吒一般剔骨削肉，再造真身。这个过程对于主体性和自我同一性当然是致命性的伤害。所以我非常认同梁老师所说的，清末立宪和法律移植根本上是中国社会“文化上的自我理解”的一次改变。时至今日，这个问题仍未得到妥善的安顿和解决，近些年有不少学者重提中国文化的主体性，其实质仍旧是百年前的老问题的新延续。

这个论题太大，我们先按下不表。我有几个文本的问题想请教梁老师。

首先，清末礼教派和法理派之争，包括 1960 年代英国的德夫林勋爵和 H. L. A. 哈特之争，看似在争论法律和道德之间到底有无关系，但是我总觉得其实质并非法律与道德有无关系，而是法律和道德之间的关系是什么，法律反映的是何种道德？比如礼法派与法理派争论不休的两个议题，“子孙对于尊长侵害之正当防卫”以及“无夫奸”，折射出来的是对人伦秩序之根据的争论。礼法派认为法律应该反映传统道德中的纲常伦理，而法理派背后则是个人主义与平等主义的道德承诺。所以礼法之争不只是在争论法律与道德究竟有无关系，而是两种道德之争。

我的第二个问题与刚才两位老师探讨的方法论有关。本书的第二部分，亦即“观察与讨论”中用了非常多的两两相对的概念，比如道德（主义）与法律（主义）、家族主义与国家主义、自然主义与理性主义、特殊主义与普遍主义，还有自然与习俗、自然法与实证法等等。这种两两相对的概念，当然是哲学反思的最常见的概念图式，但是我稍微有点怀疑的是，用这种二元对立的概念去诠释礼教派和法理派之争，会不会出现方凿木枘、削足适履的问题。

举一个例子，梁老师在本书 103 页援引了礼教派劳乃宣的一段话，然后对此做了一个诠释，大意是，这段话让人想到了创立历史法学派的萨维尼，以及柏克、孟德斯鸠和苏格兰启蒙学者的观点，梁老师认为劳乃宣虽然对这些思想家可能一无所知，但是他的思想中存在着“社会秩序逐渐演化的想法”。梁老师进而引用哈耶克的观点，认为礼教派实则在主张自生自发的秩序，而法理派则道出了“建构论理性主义”和“理性建构主义”的思想倾向。上述分析非常有启发意义，但是我稍有些怀疑的是，第一，用建构理性主义和自生自发秩序去形容、刻画法理派和理教派之争，会不会夸大了二者的差异？虽然我们可以在礼教派的劳乃宣与法理派的孟森那里读出些许端倪，但进一步的引申解释会否是一种夸大其词以及削足适履？

进一步地，自生自发秩序与建构理性主义这对概念是否成立，本身也存在着很大的争议。大家可能听说过一个叫约翰·格雷的人，他是英国特别著名的政治哲学家，在《哈耶克论自由》这本书中，格雷对自生自发秩序作了全面的评述，哈耶克非常喜欢，认为格雷对自己的思想作了最好的描述，但是没曾想哈耶克刚刚去世几个月，格雷就在一次学术会议上对哈耶克的理论进行了非常严肃的批判。1998 年《哈耶克论自由》第三版发行，格雷在后记里重点批评了哈耶克的自生自发秩序，其中的一些观点在今天已经是常识，比方说按照新达尔文主义的生物学思想，进化的单位不是如生物种类这样的群体性的概念，甚至也不是生物个体，而是基因，那么相应地，哈耶克的社会进化论的单位究竟是什么？这一点其实并不清楚。换句话说，自生自发的秩序这个概念本身就是含混的和莫衷一是的，在没有对概念自身进行适当的清理的情况下，直接用来分析礼教派的观点，这么做是否合适，我觉得可能是个问题。

与自生自发秩序相关的第三个问题是，以哈耶克为典范，许多古典自由主义者都把“自生自发秩序”视作一个不言自明的正面概念，约翰·托马西在近著《市场是公平的》（*Free Market Fairness*）中，把这种思路称之为“自生自发秩序的本体论解释”，这个思路认为，只要一个社会是自生自发秩序，并且基于这个事实本身，任何从中产生出来的规则、规范以及分配就是合理的。这当然是一种迷思（myth）。

回到礼教派和法理派的争论，梁老师好像是说，如果法理派不这么蛮干，如果礼教派的作法得到实行，让当时的社会秩序好整以暇地自然演化，我们的今天会更美好。我对这个判断是有点怀疑的，原因之一在于，这是对自生自发秩序的本体论解释，它是一种迷思；原因之二在于，从历史的角度看，在当时的情境下，清廷没有什么机会可以去自然地演化传统。套用李泽厚的名言救亡压倒启蒙，我们不妨说救亡还压倒了自生自发秩序。我认同梁老师在书中对礼教派表达出的“同情的理解”，但是有时候我想，我们之所以在今天对礼教派有如此同情的理解，是因为过去一百年的历史挪动了我们的评价坐标，所以才会让我们回头反观礼法之争时，感觉礼教派似乎比法理派要更加的成熟，更加的复杂，更加的中正平和。虽然历史不能假设，但我们不妨冒这个风险，假设当时礼教派得势，会不会如同法理派一路滑向激进主义那样，礼教派最后一路滑向了彻底的保守派呢？世事难料，在各种力量暗自斗法的政治场中，想要执道而中，谈何容易？所以，我觉得对于礼教派和法理派的评价，最后的判断是不是可以做得更加复杂一些。

最后我想说的是，梁老师的这本小书虽然探讨的是很学术的问题，但是读来却是非常的引人入胜。《结语：晚清遗产谁人继承?》只有短短十几页纸，但是对清帝逊位后的百年历史作出了言简意赅的精准诊断，同时也让我看到了梁老师的另一面。一般来说，梁老师总是以内敛沉潜的学者面目出现在世人面前，但是这部分内容却让我们看到他对现实政治的强烈关怀。我认为这部分的评述非常之精彩，尤其是普遍主义和特殊主义话语在百年间的奇诡转换，读后感触良多。如果我们接受礼教派主张特殊主义、法理派主张普遍主义的说法，那么百年之后的今天，我们却看到了另一奇妙的景象，借用梁老师的话说，改革开放之后，“昔日引领潮流的普遍主义者，如今成为国情论者，而其批评者则多以普适价值相号召”。当然，最近两年形势再次发生了变化，国情论者，包括一些传统派，逐渐不甘于特殊主义的退守姿态，而是开始挖掘自己的普适主义特质，试图在普遍主义的平台上与西方一较高下。与百年前的礼法之争相比，如今的话语斗争益发显示出风云诡谲和扑朔迷离的特征，前者已经盖棺论定，后者则正处于现在进行时，一切皆有可能，福兮祸兮，难以逆料。唯一可以确知的是，对于研究者来说这是最好的时代。我就说这么多，谢谢大家。

梁治平：

非常感谢三位教授的评议。当着那么多人的面，听到那么多过誉之词，让我有坐立不安的感觉。谢谢各位对我的肯定和鼓励。几位教授在褒奖之后，也很委婉地表达一些批评和建议，提出了一些问题。这些问题，有的需要澄清，有的可以做进一步的讨论。

周濂教授最后一个发言，我知道他，他总是以非常谦恭的态度提出最尖锐的问题。那我就从回应周濂教授提出的问题开始吧。

第一个是方法的问题，使用两两对立的概念有什么根据。确实，我的那本书里提了四对概念，全是两两对应的。前面两对概念是当时的人提出来的，比如道德和法律，家族主义和国家主义。那个时候，参与争论的人也确实相信这些概念是彼此对立的，而且这种对立非常关键，涉及国家兴衰、民族存亡的问题。因此，沿用当时的区分，在这个基础上做进一步的分析，应该是没有问题的。

另外两对概念的情况不同，它们都出自我的概括，属于研究者自己使用的分析概念，这就可能存在刚才周濂教授提到的问题。比如，自生秩序和建构理性的问题。毫无疑问，当时的人没有用这些概念，他们可能也不知道这些概念。是我引进了这些概念，这样做有没有根据，是不是恰当？我觉得有根据，而且也恰当。我们看当时的讨论，礼教派主张法律要顺应民情风俗，因为，据他们说，法律生于政体，政体生于礼教，礼教生于风俗，风俗生于生计。法理派的看法正相反。他们把上面的公式颠倒过来，主张用法律改变政体，用政体改变礼教，用礼教改变风俗，用风俗改变生计，最后达到国家富强的目的。这是两种截然不同的法律观、秩序观，前一种是渐进的、自生的和自下而上的，后一种是规划的、人为的和自上而下的。当时礼教派和法理派的很多论述是可以归在这两种对立的秩序观下面的。这是我使用自生秩序和建构理性这样一对概念的一个原因。

我用这一对概念还有一个原因，这个原因跟前面说的关切有关。中国过去这一百年的历史，其实就是一个在建构理性支配下改造社会的历史，就是国家和社会的精英，靠理性规划，通过启迪民众，动员社会，还有各种运动和革命，从上到下地改造人，改造自然，改造社会这样一个过程。而整个社会为此付出了很高的代价。当然，清末那个时候，这种势头还没有发展到极致，但是苗头已经很清楚了。所以，通过梳理这段历史，我们有可能更好地理解这个过程，理解我们今天的处境。

当然，这里有一个问题，那就是，中国人能不能不走这条路。这涉及刚才周濂教授提出的有关评价的问题。会不会因为坐标转移而产生了不同评价呢？我承认，作为后进国家，中国当时走上这条自上而下的变革之路，也是没有办法的。我在书里引了杨庆堃举的一个例子，他说西方是发明汽车在先，然后修公路，定法律，建立交通设施，最后是财政预算。中国则相反，先学习汽车原理，再成立交通部，修路，借钱开厂，最后才有汽车。社会变革的顺序也是这样。这是没有办法的事情。所以，我的观点不是简单地否定这段历史，也不是说，按照礼教派的想法去做才是正确的选择。其实，我对法理派做的事情基本肯定，也就是说，学习、改造、移植，这些事情必须要做。无非是改什么，改多少，步子多大，时间多长。反过来，我也不认为礼教派的主张都实现了中国会更好。我给了礼教派更多同情，只是因为存在这样一个事实，那就是，礼教派不仅在当时围绕修法的论争中落了败，按历史后来的走向看，它更是一败涂地。正因为如此，在胜利者书写的历史里面，礼教派是一个既可悲又可怜而且也可笑的角色。实际上，你听不到他们的声音，他们被歪曲了，阉割了。正因为他们的声音没有被听到，所以后来这个社会的发展是一边倒的，扭曲的，失衡的。反过来说，如果这个声音被听到，被考虑，中国后来的历史可能就不会像我们看到的那样惨痛，那样不堪。从这个意义上来说，这段历史现在仍然值得我们记取。

周濂的另一个问题是：法理派是不是有自己的道德观？当然有。他们引进的法律原则，像无罪推定、罪刑法定等等，都是西方自由主义的法律原则，这些东西建立在平等主义、个人主义、权利本位的基础上。只不过，法理派不像礼教派那样，把这个问题说得很清楚，很详细。相反，他们经常说，共同法理就是如此，或者各国都是这样，这些是“最为外人着眼处”，不如此就无法收回治外法权，国家就会继续衰败，最后被淘汰。总之，他们的论证很多是这种策略性的东西，而不是学理上的。

反过来，礼教派对法律的道德基础有很明确的意识，一点也不含糊。因为中国法律传统本身的特质就在这里。法律要体现礼的价值，要表明德的主导性。所谓礼法，礼中有法，法中有礼，二者是合在一起的。所以，他们讲德，讲礼教，是非常自然的。当然，换一个角度，大谈礼教，也可以是一种策略，因为强调礼教在当时还具有政治上的正确性，皇上也不能不认。就好像今天，偏左了没问题，偏右了不行。

还可以顺便说一句，法理派没有把自己的道德观讲得很清楚，也跟他们自己的立场有关。因为他们接受的西方19世纪实证主义法学，就是一种把法律和道德严格区分开的学说和理论。他们当时就是用这套理论去对付礼教派，回应礼教派的批评。礼教派主张法律本于礼教，他们就说这是“浑道德和法律于一”；礼教派说无夫奸去罪化有悖伦常，他们就说法理要求道德和法律各归其类，世界各国莫不如此。也就是说，他们的立场，就是强调道德和法律是两回事，不能混在一起。其实，他们是借道德和法律的区分，把礼教从法律中清除出去，而剩下来的，既不是中国的礼教，也不是中国的法，而是西方近代的法。这个法，就像我刚才说的，当然也有它的道德基础，但是法理派不讲这一点，他们只谈法、法理，不谈道德。

人博教授的问题，第一是比较方法上的中西二元对立问题。这个问题，刚才周濂教授已经帮我回答了一部分。我再稍作一点解释。大家都知道，上世纪 80 年代有所谓文化热，我写《法辨》的那些文章的时候，自然受到当时思想氛围的影响。当然，现在看当时的讨论，无论是讲文化，还是讲中国与西方，很多概念和方法都有问题。不过，我在写这些文章的时候，把注意力主要放在中国和西方的比较，也是基于一个现实，那就是中国法律的现代化是从移植西方法律开始的，中国法律发展过程中产生的很多问题，也都跟这一点有关。那么，比较中国和西方，这里面是不是包含了先进和落后的对照？应该说，在我写《法辨》的那个年代，这种对照的意思是很清楚的，我当时的想法也是这样。基本的看法是，中国已经学习和移植了西方的制度，但是观念还没有完全改变，所以，我们的主要问题，是如何改变观念，完善设施，让这套看上去比较现代的法律制度发生作用。不过，我很快就意识到，这种想法是太简单了。其实，也就是在写这些文章的同一个时期，因为翻译伯尔曼的《法律与宗教》，特别是因为写《寻求自然秩序中的和谐》，我的思想开始有一些转变，变得更理性，更重视对研究对象的理解，这个时候，对中国和西方的比较更多是在文化类型的层面上进行，通过反衬的方法来突显它们各自的特征，这是一种阐释人类学的方法，目的是深化对研究对象的理解，提出更好的解释。这种变化，我在 1992 年写《法辨》后记的时候提到了一点。

人博教授刚才还提到"刑"字。我知道他在这方面有专门的研究。的确，中国的语言文字含义非常丰富。"刑"字也是这样。我最近写文章也用到"刑"的古字，井字加立刀，也考察了这个字的用法。对"法"字的解读涉及同样的问题。从最早写《"法"辨》，到不久前研究"礼法"这个概念，我都在讨论这个字，这个概念，当然也注意到其中意思的丰富性。还有，怎么认识和评价法家，这个问题同前两个问题也是相关的。我这些年的研究也涉及这个问题，采取的视角跟 80 年代时自然不太一样，对法家的性质和法家理论的认识要更全面，更完整。几年前写一篇文章，讲到中共十一届三中全会提出的法治，十六个字："有法可依，有法必依，执法必严，违法必究"。有人说这是法家的法治，完全不足取。但我不这么看。在我看来，法家论法，有很精彩的地方，它至少在技术层面上把法治的特征、法治的好处、法治的条件讲得相当透彻，这在古代文明里可能是独一无二的。而且，法家的法治和现代社会的法治也有内在相通的地方，其中有些东西可以被现代人吸纳。问题是，法家的法治，在当时的历史条件下，连它自己也做不到，确切地说，能做到一时，不能做到永远。最近习近平引用韩非子的一段话，叫“国无常强，无常弱。奉法者强则国强，奉法者弱则国弱”，这段话出于《韩非子·六法》，原文之前还有一段话，韩非子在那里列举了很多国家，原来都是奉法的强国，因为没有坚持奉法，最后都衰落了。为什么这些国家不能奉法到底呢？这就和当时的政治体制和社会结构有关系了。当然，这也和法家政策本身有关。简单地说，法家的国家主要靠外在的强力来维持，没有文化的支持、社会的土壤。这种国家在特殊历史条件下有可能发展，但是不可能长久。

全喜教授的两个问题都很有分量。全喜举了西方学术思想的例子，提到一些大名鼎鼎的人物，他们的思想对当时和后世都很有影响，有些，比如布莱克斯通的思想，甚至影响到了美国建国。这样的高度，以我个人的能力，过去达不到，现在努力也来不及了。不过，我倒由此想到一个问题。我们今天这样一个时代，有那么多大学，那么多号称促进教育的名目，什么 211、985 之类，每年毕业那么多博士，国家投入如此之大，每年发表的论文如此之多，但是在任何一个领域，文学、历史、政治、法律、经济，有没有可能产生一个像布莱克斯通或者梅特兰那样的学者呢？如果能，无论是什么人，我都会感到由衷的高兴。但是很遗憾，我看不到这种可能。为什么？是不是我们没有历史，没有传统，我们的历史和传统当中没有伟大、精彩的思想和人物？不是。我们历史上有很多非常智慧，非常有创见的学术思想人物，比如轴心时代的诸子，和其他伟大文明思想家是站在同一高度的。甚至到了近代，中国人里面也不乏精彩的人物。那是不是近代以来我们的生活太平庸，没有足够深刻的生命经验？也不是。过去这一百年里，我们经历了太多的灾难，我们甚至经历了“文革”。“文革”是什么？那是中国文明史上从未有过的劫难。但在经历了如此惨痛的历史之后，我们还是写不出来同这种苦难相称的伟大作品，不管是思想的、哲学的，还是文学的，都没有。为什么？我觉得这真的是值得我们去思考的问题。

全喜教授还提出了延续性的问题，讲到在“小传统”之外还需要注意一些重大的历史变革。这些，毫无疑问都很重要，我完全同意。只是，《清代习惯法》这本书主要关注的是人类学家称之为“小传统”的部分，我在那本书里也是从那个角度来看延续性的问题的。但我并不否认历史发展中还有其他重要线索，实际上，前面讲过的《礼教与法律》，处理的就是断裂性的问题，文明的破碎，传统的中断，文化的、社会的和政治的共同体的分裂。我前面讲，“大传统”在大的社会震荡里受到的冲击更大，也是着眼于“断裂”的方面。当然，延续还是断裂，也要看我们站在什么角度观察问题。我这二三年的研究，集中在古代几个重要的政治和法律观念上，对古代的传统做了一点系统的梳理，在这个过程中，我也发现，延续和断裂是并存的。从某个角度看，历史出现了巨大的断裂，但是换一个角度又可能发现，有些东西竟然跨越了断裂延续下来。沟口雄三的中国思想史研究是一个很好的例子，他把思想、观念进而文明发展的这两个方面都呈现给我们了，给我们很多的启发。我的回应就到这里吧。谢谢大家。

那些“曾经”的文字*

——重读梁治平的《法辨》

王人博

一

高全喜教授、周濂教授对梁治平先生的著作的评述、认知非常全面，而我仅就他的一本书，谈点粗浅看法，这本书是《法辨》。

拿到新版《法辨》，首先注意到的是作者在后记里面写的短短三行字。这三行字，不但句斟字酌，而且言说了一个大家不太注意的细节：新版的《法辨》副标题是“法律文化比较论集”，而以前版本的《法辨》（包括贵州人民出版社、中国政法大学出版社）的副标题是“中国法的过去、现在与未来”。为了书名的贴切，新版将旧版中的这篇同名的重要文字抽掉了。一个好的作者不仅文责自负，而且会非常在意自己的遣词用句。一个用心的编辑

* 本文原载于《中国法律评论》2015 年第 3 期。

一般不会轻易更改作者的文字，这应是作者与编者心照不宣的一种默契。所谓“后记”，字越少，滋味越多。我是这样理解的。

阅读新版《法辨》，确有一种重回青春的感觉。

我从1994年开始带硕士研究生，而给研究生上课还要早一些。在研究生的课堂上，来听课的既有与专业相近的，也有民法、刑法等部门法的学生。而在这些学生组成的课堂上，我经常谈到的是梁治平先生的著述和文字。大家可能注意到，《法辨》是由若干篇文论集结而成。作者自己也说过，这些文字多是发表在《读书》杂志上。若我没记错，《法辨》应该收了13篇《读书》上的文字。而作者在《读书》上发表文字的年份应该是从1985年开始的（不是作者自己说的1986年），一直持续到1988年。因为课堂上讲得最多的是这些文字，所以班上同学订阅《读书》杂志成了一种学术上的时尚。课堂上也讲过他的论著《寻求自然秩序中的和谐》，那是代表他系统思考、系统研究法律文化的一本专著。

与此相比，《法辨》是一个文集。“散”有散的韵味，“系统”有系统的好处。《法辨》显现的是智慧与才情。一本大著可能给人的是学术上的启悟，而小文短章表达的是作者的个性与灵动。说实话，我与我教过的班上学生一样，读那些文字，都有一种说得出的新鲜感，是师生间为数不多的共鸣：（上个世纪80年代的）那些文字如风，吹绿了中国法学。用一句专业术语说，那是中国法学的启蒙。《法辨》所收录的那些文字，影响了一代青年学子，起码对西南政法学院来讲是这样。上我的课的那些学生后来他们也成了老师。现在与他们聊起来，还要谈到作者和他的文字。他们说，今天能走上学术、教书的岗位，与那时的阅读体验有着密切关系。

不知对不对，我总觉得中国法学界有一个不成文的规矩，同行一般不买同行的书。这有点类似于绘画行业。同是画西洋油画的人，他们之间很少进行作品交易，中国画大致也这样。绘画作品要成为商品大都通过经纪人来进行，作品的购买与收藏的人往往并不是艺术家，而是懂或不懂艺术的商贾大亨。就法学而言，这里的“同行”是个较大的概念，既包括法学学科中的同一个专业的人，也包括法学学科中的不同专业的同仁。一般说来，同一个专业的人之间，出于专业的考虑会选择性地关注甚至购买同行的作品；但在法学学科中的不同专业之间，相互购买对方作品的情形就很少。譬如，一个民法学的学者不会轻易购买一个刑法学者有关刑法问题的作品，反之亦然。但是，据我所知，梁治平先生的书在法学不同专业之间卖得挺好，要不广西师范大学出版社傻，为什么再版？这也从另一个方面说明了这本书的价值或意义。我觉得《法辨》收录的很多文字即便放在三十年后的今天来看，它还是美文，仍闪耀着智慧与思想的火花。比如，《海瑞与柯克》（下面详谈）。读这篇文字，你不会想象是三十年前出自一个二十几岁的毛头小子之手。

现今已进入90后时代，但对年长的人而言，我们很多人都是从这些文字中走过来的，这算是学术上的青春记忆。

二

下面要谈的是这本书的内容。先说方法论。作者自己讲得非常清楚，这本书里面最重要的一个书写方式，我们现在称之为研究方法，作者自己概括为“用文化阐明法律，用法律阐明文化”，这是贴切的。从文化当中窥见法律的异同，又从法律当中探视文化的特质。这句话让人很在意，因为作者一般不会轻易说这样的话，说出来了就得经得住读者对全书的检视。应该说，这两句话的确构成了贯穿全书始末的一根红线。这本书或者说收录在书中的那些文字，并不是为了构建一个系统的学术体系，而是立足于言说者立场的一种“比较”。这话怎样理解呢？大致因为两种情况，一是作者欠缺构建系统学术思想体系的能力。这在中国法学界甚是平常。直至今天，中国法学算起来也不过三十余年。虽说，从清末开始，西方法学传入中国已百年有余，但一百多年的中国除了抗击外敌和不断革命之外，真没有多少机会能从容地展开一个现代国家与社会所需要的那种法学研究。二是作者不是因为能力欠缺，而是有意为之，本书当属第二种情形。这样说，倒不是因为礼貌，而是基于对作者学术与思想的了解。

简言之，作者在他的文字中有意拒绝了体系化，拒绝了范式。他把法律的个案放于历史，又把历史放在法律个案之中，使两者相互照应，相互阐释。这是一个重要的书写策略和方法。若叫研究方法也行，就是拒绝体系化。

拒绝体系化本身或许就是一种体系。在固有的狭隘阅读范围之内，我认为有这么几个人物是拒绝体系化的代表人物。德国有两个，一个是尼采，这个可能大家都熟知。另一个是瓦尔特·本雅明，他反对用概念进行思考和分析，反对体系性的建构，其代表作是《单向街》。在日本的，那便是竹内好。竹内好的研究有一个显著特点，他对概念或语词的使用可以随时调遣，完成任务之后便把它们再遣散回家，其代表性作品是《鲁迅》。竹内好是一个追求以“终生业余”为业的人。在中国，毫无疑问，最典型的是鲁迅。人们习惯把鲁迅称之为思想家，但你说不出他的思想体系是什么，你不知道。要知道他的思想特点就必须读他的小说，读他的杂文，读他的散文诗。他的思想不是摆在那儿的，而是镶嵌于他不同风格的文字中。他的思想不是能“读”出来的，而是因为所读而达致的一种体悟。

一般说来，西人的著述善于建构体系，注重概念范畴；而我们中国人作文讲究遣词用句、篇章结构，以及思想观点的明晰性。文字所承载的不是理论体系或架构，而是一个研究者所表现出来的悟性。不作体系化的书写，体现的可能是我们东方人特有的一种思维方式。而《法辨》

这一点上是典型。在《法辨》里，既没有理论体系，也没有固定的范式，更没有“左右之争”，有的只是“智愚之别”。“没有左右之争，只有智愚之别”是我重读此书所获得的新感悟。我的意思是说，一本好书、一篇好文，并不需要从政治的方位感进行判断，读者从文字中能读出作者的智愚，这是最重要的。

“用文化阐明法律，用法律阐明文化”是拒绝体系化的宣示，也是另一种体系化的自身。这里面蕴含的一个轴点就是“比较”，即中国与西方的观照。作者最善用的是文化源头上的“索隐”。比如，说到西方，必言希腊与罗马；谈到中国，也定从夏商周三代开始。《法辨》里面这个方法体现得非常充分。

《法辨》一书在理论、思想上的建树，主要体现在两篇论文里面。作者自己也讲了，两篇中的一篇是《“法”辨》，(1986 年发表在《中国社会科学》)，另一篇是《说“治”》。在《“法”辨》这篇论文里，作者主要依据考古学家提供的文献和材料，比如张光直先生的《中国青铜时代》，对中国的“法律”这个概念的变迁作了考古学上的梳理；《说“治”》一文依据的主要材料是王亚南的《中国官僚政治研究》。《法辨》的作者不是历史学家，也不是考古学家，法学者当用力的是依据史学家、考古学家提供的材料进行法律学上的阐释，这两篇论文便是一个典范。《“法”辨》一文辨析了中国从三代的“刑”到战国时期的“法”，再到秦以后的“律”，这些概念语义上的变迁，以及跟希腊、罗马传统的法和法律的概念之间的区别。这是一种出力不讨好的功夫，法学作为显学之“显”肯定不在于此，因为它无法直接转化为国家的决策。但谁也不能否认这是一种学问：

“犹如汉语的‘法’很难译出Jus一类词的真正含义（一百年以前完全不可能）一样，中国人想要透彻理解西方文化中的真实意蕴也不容易。这里所表现出来的乃是文化上的语言不通……。法，刑也。直到清代，皇帝在圣谕里还说‘讲法律以警愚顽’。……在中国古代，从理论上说，有治人，无治法；征诸史实，可以说，有治吏，无治法。……古代中国的政制之为‘人治’根由便在此。如果这种统治模式也用一个简短的公式来表示，那就是人→法→人：站在顶端的君主发号施令，由大小的各级官吏来执行，庶民则永远是法律施行的客体，赏刑由之。正因为如此，中国历史上对于‘法’的强调总是与加强君权联系在一起的。三代如此，先秦法家亦如此，清代还是如此。”（《“法”辨》）

《说“治”》一文讨论的问题是：为什么中国从商代到明清，不管哪个学派，不管法家、儒家、道家，还是墨家、阴阳家，他们共同追求一个价值，那就是“治”。中国学派内部之间可能观点上有分歧，但对国家的价值目标设定上，大家又是一致的。太史公说过，“夫阴阳、儒、墨、名、法、道德，此务治者也”。《史记·太史公自序》）

《说“治”》这篇论文探讨的不是“治”作为目标存在的概念，而是分析了“治”的不同主张和观点，实际上就是对儒法之争的阐释。作者认为，法家主张的“法治”实际上是“治法”，这与古希腊、古罗马人主张的法治有着完全不同的意涵。在中国传统的“治法”中，作者用了浓墨讨论“治吏”问题，其结论是引人注意的。[1]

因为阅读的偏好，我更看重《海瑞与柯克》。这篇文字不长不短，像是一篇说理性的散文。其实，说是“散文”不确切，说是随笔或评论也无不可。这类文字从题材上不太容易归类，这可能是社科类美文的一个特征吧。

文章先讲了把海瑞与柯克放在一起比较的缘由。对此，无须笔者饶舌，看看书中的文字便一目了然：“把海瑞同这样一个英国的倔老头摆到一起，大体上有两条理由。一个理由是年代的。海瑞与柯克虽然不是同龄人，却可以算是同时代人。另一个理由是个人际遇的。这方面，两个人有更多的相近之处。比如，都是国家重臣，都做过司法官，也都不避利害为民请命，因为同样的不屈不挠精

---

〔1〕“凡两千余年，贤明者如李世民、魏徵辈实在是‘千世而一出’。昏庸之君，贪暴之吏倒是不胜其多。而且，愈是到了后期，官场愈是腐败，纵有励精图治的君主，也回天无力，难以挽回颓势了。……征诸史实，明代法律固严，明代贪赃枉法之风较前朝更烈。问题似不在于统治者决心不大，努力不够，而在于人治—吏治模式的内在机制只能如此。……在传统的人治—吏治模式中，社会是多么需要明君贤相的出现呵。然而，正惟如此，明君贤相才不易出现。历史的最大嘲讽莫过于此。”（《说“治”》）

神获罪于君主，遭受了种种磨难，而最终的结局似乎都还‘过得去’，等等。”（《海瑞与柯克》）

其实，这只是作者的起笔，带点噱头的味道，或者故意卖个破绽，让读者顺其往下看。文中的本意不在于叙述两位英雄的故事，而是为了讲述他们之间的不同，以及产生这种不同的各种状况。国人可能对柯克并不熟悉，但海瑞却是个妇孺皆知的人物。他是古时有名的谏臣，而且其“孤忠与刚直简直到了不近人情的地步”。与此相比，柯克显然要逊色一筹，这不全是因为个人的品格，也源于一种不同的传统：“海瑞依赖的是（君臣之）礼，柯克捍卫的是法。”说得具体一点，海瑞“写上疏之所以理直气壮，言之凿凿，无非自谓是在尽忠。而他所以思虑再三，乃至备棺木，别妻子，又说明他深知尽忠可能付出的代价。不管怎么说，这毕竟不是一种权利。所以，海瑞后来被定罪下狱这一节可说是事件的自然发展，并无突兀之处。后人读史至此大都会扼腕痛惜，却不觉其意外，也是这个道理”。（出处同上）

那柯克的情形又如何呢？“他主张的是法而不是礼。这可不是用词的不同，而是有实质性差异的。自然，这里说的法，……是西方中世纪的观念和制度……跟家族伦常实在没有什么关系。此外，它也不像我们的礼那样以义务为本，而是权利与义务的基本分配手段。”（同上）

柯克以大法官、法学家闻名于世，而这个标准显然不适合于海瑞。海瑞要处理的问题以及处理问题的技巧要比柯克复杂得多，而在运用法律技术方面又要简单得多。[1]也由于儒家传统的熏染，海瑞对于词讼一类事的态度与受英国普通法浸染的柯克有着原则上的分歧：前者对此有着发自内心的厌恶，而后者则是欣然以赴。

看是相似的英雄，由于寄生的文化与传统差异，其结局以及结局显示的意义则有性质上的不同。对于海瑞，无需多言，许多人对其故事都能娓娓道来。[2] 与海瑞相比，柯克的经历似乎稍嫌平淡，但其相似点还是有的，“咄咄逼人的性格，惹是生非的脾气，同样的得罪人，也同样让君主感到头疼。他虽然因此丢了官，坐过牢，到底禀性难移。领着下议院起哄，带头起草著名的《权利请愿书》……尽管如此，……也可算是善终”。（同上）这里的《权利请愿书》几个字格外刺眼，它预示了二人的不同意义。对柯克而言，这份庄严文书的命运即便不能使他充满自信，他也有理由对其保持乐观。而事实上，在柯克去世的1634年，查理一世为获得议会拨款被迫接受《权利请愿书》。这份文件最终也说明了柯克所有努力的意义

〔1〕 诚如作者所言，海瑞“首先是个熟读经书的饱学之士一个儒家风范、堂堂正正的君子。他正是以这样的资格去做了百姓的父母官。在那期间，他总揽当地政府机关的一切政务，升堂问案只是其中的一项。而他在这方面所以声名大振，主要是因为他秉公断案、与民做主的无私无畏，却不是由于他在组织、技术方面有何贡献”。（《海瑞与柯克》）

〔2〕“耿直、狷介、廉洁奉公，严于律己，富有使命感；忠其君、爱其民，有强烈的自我牺牲精神；因此获罪于同僚，甚至触怒圣上，险些性命不保，但也因是名声大噪，乃是当之无愧的模范官僚。他的一生富有传奇色彩。从政不过二十余年，却有过数次大起大落。好在结局不坏。”（《海瑞与柯克》）

或价值。

海瑞可没有这样幸运，其身上的悲剧色彩在晚年愈发浓郁与沉重。[1] 这还算不得什么，更让人出乎意料的结局却被另一位解读者一语道破："他（海瑞）的信条和个性使他既被人尊重，也被人遗弃。也就是说，他虽然被人仰慕，但没有人按照他的榜样办事。"（黄仁宇：《万历十五年》）

这其实也不是海瑞自己的命运，它折射的恰恰是中国文化传统的另一面：

"这是海瑞的悲哀之处，也是我们这个社会、这种文化的悲哀之处。我们这个社会倡行的道德乃是两千年以前的圣人们制定的。依此行事，自然会有天下最美妙的社会。无奈这道德只是圣人道德，因此是认不得真的。海瑞自己认了真，这固然让人敬重，但他以同样的认真劲儿来对待别人，便不能不遭遗弃。问题在于，这道德又不只是私人间的事情，而且是我们的立国之本。民风的淳厚也好，政府的廉洁公正与效率也好，其根本保证，不在组织与技术，而尽在于此。这种以圣人道德为基点设计的制度

---

[1] "他自1585年被重新起用，几乎事事不顺心。他忠心可鉴，却得不到君主的信任，节操可风，却难得一班同僚的理解。这种矛盾终其一生，很使他苦恼。在他生命的最后两年，他几乎失去了年轻时那般朝气、锐气和坚强自信，一连七次提出辞呈，看来这位忠心耿耿的老臣在他垂暮之年不但失望，而且绝望，有点'看破了'。自然，海瑞到底是局内人，他的'看破'在今天看来未必很'透'，因此，今人眼中的海瑞反多了一层悲剧的色彩。"(《海瑞与柯克》)

虽则完美，却是种虚饰，足以败坏人心。坚持此种制度的政府只好一面唱着高调，一面容忍无数背离圣贤教诲的人和事。此时，我们的社会成了一个大大的假面舞会。……他就像是‘舞台上的英雄人物’，以他真诚的表演引得观众们涕泪俱下，但是一俟大幕徐徐落下，观众们便由适才的云里雾里跌回到现实中来，于是一哄而散，各自回去干他们的旧营生。观剧之事早忘得一干二净。……这正是他悲剧命运的由来。”（《海瑞与柯克》）

这段话即便放在今天来读，仍有一种脊背发凉的感觉。文中的观点正确与否倒显次要，因为一篇好文未必非要从“政治正确”上来要求。忠于自己文字的真诚，这是一篇优秀文字该遵守的准则和价值。

三

当然，这毕竟是过去的文字。若非要用今天的“新”去挑剔昨日的“旧”，那这对已存在了三十年的文字来讲既不公也冒犯。人自青洎老，思想会变，心理也会渐成圆熟。同样那些问题，若放在今天来做当有不同，既在方法，也在观点。对于历史与文化，今日通行的做法是“同情的理解”，我遵守这个价值。所以，下面的问题与其说是因为《法辨》，莫如说针对的是自己。譬如，有关法家。多少年来，我对法家的认识基本上遵循的是《法辨》的立场。这个理路大致是这样的：我与作者一样都是从“外国法制史”入手进入法的历史的。这容易形成一种思维性的依赖，习惯把中国古人的思想与西洋思想作比较，在有关“人治”“法治”问题上，也总是把中国的法家与古希腊的亚里士多德放在一起思考。这里的问题不是孰优孰劣，而是西洋则成了一把潜在的尺子。换言之，对中国法思想如何阐释，取决于运用西洋哪一个参照系。当中国古代的法家遇到古希腊的亚里士多德，法家就是西方传统法治思想反面的一个注脚；当现代的中国法学者遇到西方法哲学家约瑟夫·拉兹〔1〕，中国古代的法家的“法治”便成了众多形式主义法治理论中的一种。我的意思是说，《法辨》对中国古代法家的“贬”，与当今中国法学家的“褒”，遵循相同的范式和理路，是东方主义（西方主义）方法论的不同运用。《法辨》对法家的认知与当代中国法学家的论辩只是观点上的分歧，而不是方法论意义上的差异。

《法辨》有一个显著特点是把问题的分析建立在现有的文献、资料的阅读与掌握的基础上，带有“一分材料一分话”的严整性。比如，有关中国古代“刑”字所表达的法律意义，作者除了引述上面提到的《中国青铜时

〔1〕 约瑟夫·拉兹，牛津大学法哲学教授、巴利奥尔学院（Balliol College）研究员，哥伦比亚大学法学院法理学访问教授，英国研究院研究员、美国人文与自然科学院名誉会员，当代著名的法哲学家，也是“形式主义法治”理论的倡导者。主要著作有：《法律体系的概念——一种法律体系理论的介绍》《法律、道德和社会》《实践理性》《法律的权威——关于法律与道德论文集》《自由的道德》等。

代》之外，还有田昌五先生的《古代社会形态研究》等，而法律学研究的名著则是蔡枢衡先生的《中国刑法史》。根据这些文献、材料与研究本身表明，“刑”跟“兵”相连。“刑起于兵”“兵刑不分”是中国的“法”起源的一个特点。即是说，中国古代的三代时期作为法存在形式的“刑”具有杀戮、暴力的成分，“禁暴止奸”的以暴制暴，是其显著特征。这与古希腊、古罗马的“法”所具有的意义相比，是性质上的差异。

对汉语的“刑”字如此释义，通常不会有太大的问题。然而，在“法”的意义上，这种阐释本身可能会遮蔽“刑”的本义。事实上，有关中国“法”的起源讨论，最直接的材料是许慎的《说文解字》：“灋者，刑也，平之如水，从水；廌，所以触不直者去之，从去。”《法辨》与蔡枢衡先生的名著《中国刑法史》一样，都引用了许慎这个著名的解说，而许慎说的话却没有引起两位作者的足够重视，而是投入一瞥之后，都匆匆地奔向其他文献资料去了。现在有必要再回过头来重新审视许慎。这里，要加以重视的不是许慎的解说，而是解说中的语境。在许慎的语境中，作为古字的“灋”是与“刑”“水”排列在一起的，有“刑，平之如水”之语。既然，“刑”带有杀戮、暴力之义，为何又能与“水”联系起来呢？

其实，古汉语的“刑”字书写方式，左边并非是两个“干”字的拼合，而是个“井”字。《易经》说，“井，法也。”《广雅疏证》也将“井”解释为“灋”：“井者，井训为法，故做事有法谓之井井。”《尔雅义疏》说，“释文引韩诗云：刑，正也。正亦法也……法所以正人。故周礼注，刑正人之法。皆本古文为说也。”在中国的古文字中，“刑”“正”“井”“法”可以互训也许并非偶然。从“井水”的形式中，可以生成一种意象：清澈宁静，可作镜鉴。“刑”“水”“平”的语义间的关联，是中国早期有关法的思想的一个重要模型。作为文字家的许慎，也许并不是基于他对水的诗意想象创设了具有“平正”之义的法的意象，他只是对中国古人有关“刑—水—法”的这种关联性做了一个文字家的文字解释而已。

《法辨》之所以执拗于“刑”的“杀暴”之义，而不与“平”“正”发生联想，一个主要的根由是它的方法：既然以中西法文化的对立为立论基础，从中国早期法文化中找出与西方相似的东西都是不可能的。这只是我的一个臆想性的猜测，而不是证据确凿的智性判断。

正如上言，“用文化阐明法律，用法律阐明文化”，这是《法辨》一书的纲领，这个纲领的运用则有固定的技巧。实际上，作者的策略是把西方的法律嵌入西方文化之中，使两者之间共享共有，既相互缠绕，又相互阐释；同样的方法也运用于中国。问题在于，在中国层面呈现文化与法律的面相之时，却总能感觉到一个“西方视角”的存在。《法辨》不是在“文化”的中立位置上进行“阐释”，而是在阐释中区分优劣。它呈现的是“先进—落后”这样一个二元结构。在这个结构里，“西方先进，中国落后”是其基本表达，无论是文化意义上的，还是法律意义上的。对这个范式的运用，作者自己也做了说明：它是中国上个世纪 80 年代文化启蒙主义思潮下的一个产物，也是三十多年来我们认知自己的一个无法替代之物。

今天如何面对它，则成了中国学术上的难题。一方面，西方的“先进”仍是个基本事实。科学、教育、军事、经济等领域自不待言，即便在不那么“科学”的领域也不例外，譬如，法律。不能不承认，西方相对于非西方来讲，他们的法律组织、技术、法律意识发达，法学教育先进，具有完备的法律体系等。在法治、法学层面，西方仍是一个不能绕越的重要参数，其经验仍被不同国家、以不同方式所借取。另一方面，“先进—落后”也并非一把万能的尺子，运用于一切事物。对待类似文化的东西，它未必就是个称职的裁判者。正像“吃肉”，即便知道刀叉的方便，中国人仍然还是习惯于使筷子，而我们无法判断在“吃肉”问题上到底是“刀叉”先进，还是“筷子”文明。有一个问题至今不太明白：两种不同文化之间能够真正相互理解吗？如果回答是肯定的，那么，理解的根据又是什么？譬如，过去的西方传教士总爱抱怨中国人迷信，因为在他们看来，像狐狸成精这类传说都是无稽之谈，而中国人却津津乐道。“迷信”便成为西方理解中国的一种方式，其理解的根据当然就是西方的理性精神和科学。问题是，科学对于非科学的东西能够凭借科学真正做到平等、公正的理解吗？理性无疑是具有力量的，但对待

“非理性”，理性能够丢弃理性的傲慢与之平等沟通吗？

在“法治—法学”领域，中国的落后是显而易见的。然而，我所关心的问题是“发达西方”看待这种落后的态度，以及我们又如何面对自己的落后。

印度学者帕尔塔·查特吉说，落后是进步的障碍，同时又是我们自身。这或许也是中国法学自己的宿命。

关于“进步”观念的几点思考*

格尔兹在他关于“深度描述”的著名论文里面，开篇就引了苏珊·朗格论述“大观念”的段落：某些观念带着强大的冲击力实现在理性的图景上，顷刻之间，它们解决了如此多重大问题，似乎还允诺要解决所有重大问题，以至人们趋之若鹜，且奉之为建构起综括一切的分析体系的中心观念。然而，格尔兹接着指出，在我们熟知此一新观念之后，我们对它的期望便会与其实际用途趋于平衡。这时，少数狂信者还会坚持认为这个观念是理解整个宇宙的钥匙，但是不那么易受支配的思想者却会冷静下来思考这个观念产生的实际问题。结果，这一观念的应用被限定在一个适当的范围里面，从而失去了它曾有过的那种貌似宏伟阔大，允诺一切的特性。它们固然解释了某些事物，但是并没有说明一切。“认识到这一点，我们的注意力也就转向如何确定这些事物到底是什么，转向怎样使我们摆脱这些理论在其最初盛极一时之际导致的大量伪科学

---

* 本文原载于《中国社会科学季刊》（香港）1994年总第8期。

的缠绕。”[1]

格尔兹所列举的“大观念”包括热力学第二原理、自然选择原则、无意识动机概念和生产方式的有机组织。与这些观念相比，“进步”观念无疑有其性质上的特别之处，尽管如此，它毕竟也是一种“大观念”，也具有“大观念”的基本特征，因此值得我们做出智力上的努力，以确定其适用范围和摆脱它曾经带来的“大量伪科学的缠绕”。

有关“进步”观念的思考，可以从两个基本判断入手。第一，“进步”最先只是西方人的大观念，以后则在世界范围内流行，成为人类的“大观念”；第二，“进步”观念乃是时代的产物，其生长与完成皆具有历史性。由此，则我们不但能够大体确定研究对象的性质和范围，而且有了一条深入其中的路径。

古之希腊、罗马人并无与“进步”观念类似的概念，相反，他们受某种循环历史观的支配，而倾向于讴歌过去。可注意的是，源自希伯来宗教的基督教，不但视历史为独一无二、不可重复的现象，而且在其中灌注了上升的意义。尽管这只是宗教的“末世学”，而非今人所谓“进步”观念，但是作为“进步”观念生长于其中的一种历史、文化背景，其深刻性不容低估。

---

〔1〕［美］吉尔兹：《深描说：迈向解释的文化理论》，载《文化：中国与世界》（第一辑），生活·读书·新知三联书店1987年版。

文艺复兴对于宗教的反叛，往往经由“复古”的办法来实现。而在这样一种精神氛围里面，“进步”观念之缺乏也就不难想见了。事实上，今人的“进步”意识，始于“疑古”和“今胜于昔”的信念。17世纪，主要在英格兰、法兰西两地，有一场涉足广泛的古今优劣之争，古代/现代的两分法即确立于此一时期。[1] 其结果，“现代”派大获全胜。“进步”观念的奠基者们恰好生活在这一时期，这当然不是巧合。

探究“进步”观念的渊源，首先要提到的是弗兰西斯·培根（1561-1626）和笛卡尔（1596-1650）。前者坚信知识将造福于人类，从而揭明了知识的前途；后者则确立起理性至高无上和自然法则不可变易的原则。两位大师并未直接和完整地阐述“进步”观念本身，但是通过将知识、理性、科学以及今胜于昔的信念联结在一起，他们却使这一观念成为可能。值得注意的是，培根和笛卡尔在科学史上的地位与他们在“进步”观念史上的地位一般重要。他们实际上还是英国皇家协会（成立于1660年）和法兰西科学院（成立于1666年）的精神缔造者。

“进步”与“科学”的紧密联系在曾经担任法兰西科学院秘书的丰特内勒（Bernard Le Bovier de Fontenelle）（1657-1757）身上表现得尤其明显。这位“笛卡尔主义”者，最先注意使民众了解科学的意义与功用，并且极大地

---

〔1〕 参见柯林达：《现代性概念》，载《知识分子》（纽约）1993年夏季号。

完善于"进步"观念：他不但把前人已经确立的"今胜于昔"的"进步"引申至"无限未来"，而且认为这一进程确定无误和不可移易。"进步"观念滥觞于一个科学勃兴的时代，这同样不是巧合。

路易十四时代，随着人们对知识的关注更多转向社会，知识进步的信念逐渐扩展成一般"人类进步"的观念。可以表明这一转变的代表人物是法国的圣皮埃尔(Abbe de Saint Pierre)（1658－1743）。圣皮埃尔不是思想深邃的哲人，而是富有想象力的改革家。他把人类进步的信念变成一系列社会改革计划，因此向世人表明了社会进步的切实可行。至此，从早期"笛卡尔主义"到18世纪思想的转变宣告完成，"进步"的信仰开始变成启动社会革命的力量。

法国大革命开启了一个新的时代，一个发现"规律"的时代。康德说现在需要一个开普勒或牛顿来发现文明运动的法则。于是，人们有了圣西门和孔德，有了社会主义和社会学。这个时代的大多数社会哲学都以科学相标榜，它们视"人类进步"为必然，把一般对于"进步"的信念变成对于"规律"和"法则"的认识和发现。至19世纪下半叶，这个业已在理论上完成了的"进步"观念，因为生物学理论的突破和传播（达尔文的《物种起源》发表于1859年），终于摧毁了旧时信仰的最后屏障，远播世界，深入人心。[1]

在把“进步”观念当作遗产接受下来的20世纪，人们领略到了科学、技术和经济的惊人成就，同时也经历了对于人类进步的极度失望。不过，最近几十年里引人注目的各种社会批判理论，其所针对的与其说是作为一种“大观念”的“进步”观念本身，不如说是它当下的具体表现形式，即对科学技术的迷信和完全依赖于科技的发展观。

伊林·费切尔认为，当代两种进步观——资本主义和社会主义——在下面这一点上被统一起来：生产，特别是劳动生产率的提高最终被视为衡量“进步”的唯一或至少是决定性的标准。换句话说，当今大多数政治领导集团都坚持一种“进步”的概念，其根本的衡量尺度乃是社会生产总值。[2] 在他看来，成问题的正是这样一种进步观。

科学的发展及其应用确实极大地改变了人类生活，其中包括对于人类生存条件的诸多改善，只是，所有这些改善仍然不是“进步”观念曾经许诺给人的那种。凭借科学技术（或一般而言的理性），现代化带来的每一种利益都要求人类付出对他们仍有价值的其他东西作代价。不仅

---

〔1〕 See J. B. Burry, *The Idea of Progress*. New York: The Macmillan Company, 1932.

〔2〕 参见［德］伊林·费切尔：《人类的生存条件——进步尚可挽救吗?》（中文打印稿，1993年）。

如此，由于科学技术发达，已经有六千年文明历史的人类，其生存问题在某种意义上变得甚至更加严重了。这一点，科学本身就能够证明。今天已经相当流行的危机意识，至少部分就是以科学为依据的。在此背景之下，对科学技术的批评立即变得复杂而微妙。

多数意见似乎是，科学技术本无善恶，其所以为善为恶，全在人之运用。马克斯·阿德勒曾将技术区别为“工艺技术”和“(具体的)技术”，前者系由社会关系中抽象出来，是关于“纯粹技术的”理论，后者则包含有人和社会因素，并且不能脱离这些因素而独立，这种“技术的社会学观点”把技术看成被决定、被选择的东西，因而引导我们去注意那些技术之外的决定性因素——社会制度，甚至，社会制度建立于其上的人性。

历史最易引发争议的问题之一即是“人性”，而“人性”可能又是世间最不易变化的一种品质。换句话说，“人性”恐怕是所有事物中最少“进步”可言的一种。这种情形与人类知识的累积日增乃至现今科学技术的一日千里恰成鲜明对照。从这里，我们可以看到一幅不甚相称的图景：自身尚未有明显“进步”的人类掌握了空前“进步”了的武器。人类面临的所谓“生存危机”首先来源于此。

显然，揭示这矛盾（尽管尚未展开和论证）并不足以解决问题，但它开始帮助我们区分和认识下列问题：科技发展和经济增长在自然与社会两个方面都是有限度的，而且它们本身不可能带来“进步”观念允诺给人的一切。现时人类面临的最大危机，与其说来自自然的压迫，不如说是做出（并非工具性的）理性抉择的艰难。因此，简单地反对科学和技术，就像盲目地指望它们一样不可取。

伊林·费切尔把19世纪以来形成的“进步”意识归结为一种直线和量的进步观。他认为，并非“进步”本身，而是这样一种进步观、这样一种进步方式日益被石油危机、罗马俱乐部报告和其他理论研究证明是有问题的。这里，他似乎要在“进步”本身与当下的“进步”观念之间做一区分。然而，被认为是“进步”本身的东西也是一种“进步”观的反映。这样一种区分实际上可能吗？

“进步”观念是历史地形成的，因此可以先从历史上去分析它。

如上所述，“进步”观念最先在知识领域确立，然后渐及于社会。这种由知识而道德、由科学而社会的演变途径，从一开始就在科学发展与人类进步二者之间设定了紧张的联系。事实上，以后“进步”意识增强和传播的每一步，都从科学成就中获得证明和支持，人们改善自身的每一次努力，也都以科学的名义进行。逐渐地，“进步”观念中的社会和道德成分被技术和经济的变化所淡化和掩蔽，人们开始满足于外部条件的改善，而有意无意地忘却了内在需求。原本体现人类生存智慧的“理性”蜕变成一个工具性的概念，“社会进步”概念在很大程度上为“知识进步”的信念简单地置换。人类在这种信念里面找到了安全感，也找到了逃避责任的借口。如果说，20 世纪流行的“进步”观念是简单化的和肤浅的，那至少部分是因为其中有必然之势。

在历史分析之外，还可以对“进步”观念做哲学的分析。

作为一种观念，“进步”涉及的是一个有关事实的判断，这一点必须要先辨别清楚。因为这一性质，它才有别于自由、宽容、机会均等诸多观念，而与比如命运、天佑或者个人不朽等观念同属一类。前一类观念表明某种人类欲求，其实现与否取决于人类意志和努力；后一类则不同，它们实现与否跟人类意志和努力无关，而人们是否接受这些观念，并不涉及价值上的好恶，却只是因为对事实真伪判断不同。[1] 问题是这种事实判断可能被证实或者证伪吗？“进步”观念假定历史是有目的的，假定它是人类朝向一个确定而可欲之方向缓慢行进的历程，这一进程将无限延伸至未来。这样的观念就像“命运”观念一样无从证明。首先，我们无从证明历史的目的性。而且，即使迄今为止的人类历史确实是“进步”的，我们也不可能得出结论说未来定将如此。在一个没有了上帝的时代，更没有什么能够保证无限之“进步”的必然性。而我们如果寄希望于“人性”，那不过是为自己造了一个新神，它并不比旧有的神灵更可以倚赖。说到底，“进步”到底

---

〔1〕 See J. B. Burry, *The Idea of Progress*, New York: The Macmillan Company, 1932.

还是一种“信仰”。〔1〕“上帝死了”是19世纪的口号。然而，上帝并没有带走他原来占据的位置。尤根·哈贝马斯说：“上帝死了，但是他的位置尚存。人类为上帝和众神设想的位置，到了这些假设腐朽之后，空位仍然留下来。无神论终于了解到这个真空的深度尺寸，草拟出一幅未来自由王国的蓝图。”〔2〕“进步”观念为人们勾画出的正是这一类蓝图。对于现时代的这样一种理论，人们已经有了一个看似矛盾但是相当贴切的用语——“世俗宗教”。

今日中国的问题确实是中国的问题，而同时又确实是世界的问题、人类的问题。没有比“进步”观念更宜于用来说明这一点的了。

中国以往的思想传统并没有孕育出“进步”观念。但是当西方社会思潮在20世纪初开始大量传入中国之际，“进步”观念立即风靡人心。1898年，《天演论》译成出版。原著者赫胥黎本意在抵制社会达尔文主义，然而中经严复之手，此书在中国却培养了一代社会达尔文主义的信徒。〔3〕“物竞天择”“优胜劣败”，这即是引入中国之“进步”观念的最早形态。要了解“进步”观念对于当时

---

〔1〕 See J. B. Burry, *The Idea of Progress*, New York: The Macmillan Company, 1932.

〔2〕 转引自柯林达：《现代性概念》，载《知识分子》（纽约）1993年夏季号。

〔3〕 参见［美］本杰明·史华兹：《寻求富强：严复与西方》，叶凤美译，江苏人民出版社1989年版。

中国思想界、知识界乃至一般求学青年深刻而广泛的影响，我们还可以读一读1919年12月1日刊出的《〈新青年〉宣言》。在这篇仅约千字的宣言里，“进化”“社会进化”“人类道德的进步”“社会生活进步”一类字眼屡屡出现。这些对于中国人来说是全新的和激动人心的概念开启了我们历史上的一个新时代，在这个新时代里，“进步”(且不管人们对其内容有怎样的争议）变成了一个神奇的符咒，也是不拘何种事业最高合法性的符号（意味深长的是，唯一可与之相匹敌的概念是“科学”，而实际上，这两个概念往往相同到可以互换的程度)。它可以被用来为任何行为辩护。谁能够解释它，谁就掌握了权力。也许可以说，“进步”观念在中国比在其他地方更快更彻底地变成一种意识形态。今天，政治上的激进者可能怀疑曾经灌输给他们的任何一种政治信条，但他们仍然是“人类进步”的笃信者。这并不奇怪。最近百年里，中国所有的革命，无论是政治的、社会的还是文化的，都不曾波及和触动这一信条。相反，每一次革命都以“进步”的名义为自己提出主张。最后，马克思主义取代了斯宾塞，“解放生产力”变成了“进步”最基本的表现形式。

“进步”观念在中国的历史是一部观念变革史，也是一部文化移植史。我们可以把它当作一个解释学上的个案，也可以对它做话语分析，同时还可以把它当作世界性的“进步”观念的一个部分来对待。它是中国的，因为它已经成为中国人经验的一部分；它是世界的，因它自始至终都是在世界之中。了解“进步”观念在世界范围内的传播、变化和意义，不但有助于认识我们生活中的这个观念，而且有助于解决今天中国正面临着的问题。

作为一个对于人类思想、行为和生活有着重大影响的观念，“进步”概念曾经激发起人类某些美好的理想和情愫，但是，它所带来的负效用也同样明显。今天，生态、能源、人口、核威胁等诸多方面的危机已经暴露得相当充分，它们从根本上危及文明，危及人类的生存，致使人们不得不对以往最坚实的信念做深刻的反省。无论这种反省是否充分和彻底，它们的出现本身就是一个信号，表明旧的时代正在结束。

塔诺夫（R. A. Tsanoff）在对我们熟知的现代生活主题——战争与和平，科学和技术发展，家庭、社会与个人，经济发展，政治变革，妇女解放，工作与生活，人口与环境，宗教和道德一一仔细审视之后得出这样的结论：历史进程既非“进步”，亦非“退步”，同样也不是盲目活动的偶然堆积。它不过表明了人类完善能够达到何种程度，或者人类沉沦可能陷于何种境地。所有这些最终取决于人类在各种竞胜价值中间的抉择。正确的选择不能靠科学来保证，而只能出自人类智慧或曰明智的洞见。[1]

何谓明智的洞见？指引我们走向未来的智慧又是什么？有一点可以肯定，它一定不是已经非常发达了的工具

---

〔1〕 See R. A. Tsanoff, *Civilization and Progress*, The University Press of Kelltlcky, 1971.

理性，不是任何一种精确细密的计算手段。它是一种新的生活态度，一种新的宇宙观和人生观，是我们现在还不甚熟悉的另一种哲学，甚至，广义上说，是一种宗教。这种新的哲学或者宗教将完全超越旧有的“进步”观。而这意味着人们要从根本上改变线性的和不可逆的时间观，改变那种已经习惯而至于全无自觉地与自然隔膜和对立的立场，学会与自然相亲相爱、和谐共处，学会过一种消费上有所节制的和更注重内在质量的生活。毫无疑问，这将是人类历史上又一次深刻而广泛的革命，它从我们的心灵开始，而及于人类生活的各个方面。为此，我们必须调动所有的资源——精神的和物质的、历史的和当下的、本国的和外国的，等等。我们不妨相信，在这样一场意义重大的变革中，所有的国家、民族和文明，都将做出自己独特的贡献。

规范化与本土化

——当代中国社会科学发展面临的双重挑战*

一年前的今天，我有幸参加了《中国社会科学季刊》（香港）在北京举行的周年纪念会，并且在会上以该季刊作者代表身份作了简短发言。那次发言的主旨是要说明，清除伪学、创新秩序、全面建立学术规范，既是我们这一代知识分子当下最急迫的任务，也是我们对于中国文化之重建可能有的一种贡献。末了，我提到所谓“中国社会科学”问题，大意谓：倘若“中国社会科学”这一名称并非毫无意义，那它一定不只是简单指发生于中国的社会科学研究，而应当是与中国人之特殊经验有着密切关联的社会科学研究。进一步说，它必定产生于是种特殊经验，且能给予这种经验以最有力的说明，而一套与之相适应的富有启发性的概念体系的产生，或可视为“中国社会科学”成熟的标志。

显然，当时我谈的即是一个关于规范化和本土化的话题。不过，以那样一种简单方式提出如此重大而且复杂之

---

* 本文原载于《中国书评》（香港）1995 年第 1 期。

问题，现在看来是太冒失了。事实上，此一主张所涉问题既深且广，绝非一次简短的即兴讲演能够说明，而在当日，我对于相关之问题，既不能说已经有深入思考，更不敢说已达至通盘了解。因此，今天有可能重新提出、审视和思考这个话题，在我实在是一个学习的好机会。

讨论社会科学的中国化或本土化问题，应当紧扣中国的历史与现实，这一点毋庸置疑。因此，下面不妨先回顾这样一种主张在中国的提出及发展。

社会科学中国化或本土化（以下简称“本土化”）之主张始见于20世纪三四十年代，而以当时社会学家倡导尤力。中国社会学前辈学人吴文藻有感于社会学长期作为知识文化市场上一种舶来品而不能扎根于中国土壤的事实，明确提出社会学中国化的主张。其立场是：“以试用假设始，以实地证验终。理论符合事实，事实启发理论，必须理论与事实糅合一起，获得一种新综合，而后现实的社会学才能植根于中国土壤之上，又必须有了本此眼光训练出来的独立的科学人才，来进行独立的科学研究，社会学才算彻底的中国化。”[1] 由吴氏推动、组织而编纂的《社会学丛刊》即是实践此一主张的一项有代表性的成果。这段历史或可以视作“本土化”运动在中国获得发展的第一个阶段。

“本土化”运动第二阶段始于20世纪80年代，且同

〔1〕 吴文藻：《社会学丛刊》总序。

样以社会学家为主力。在大陆，社会学在被取消将近三十年之后重新恢复，其性格更趋实用化，即以解决中国实际问题为目标，自觉地变成“应用社会学，一门为人民服务的社会科学”。[1] 在某种意义上，这一发展或如有人所说乃是早先由吴文藻、费孝通等为代表的燕京社会学派所开创的中国社会研究及社会科学本土化传统的继续。[2] 然而这种继续在理论上是贫弱的。且不论对“本土化”问题作深入的理论思考在20世纪80年代的中国是否可能，社会学恢复伊始所取的姿态实有抑制理论思考的一面。相比之下，同一时期在中国台湾地区进行的“本土化”问题讨论明显更富有理论成效。在经过数年酝酿之后，“中央研究院”民族学研究所于1980年召开“社会及行为科学研究的中国化”研讨会，嗣后并出版了会议论文集，从而引发了后继的一系列讨论，[3] 这些讨论不但在空间上超出中国台湾地区而延展于中国香港特别行政区、美国且引起大陆学者的关注与反响，而且相当自觉地和深入地审视了与“本土化”有关的诸多问题。我们今天讨论“本土化”问题理应在此基础上进行。

这里先引述《社会及行为科学研究的中国化》

---

〔1〕 费孝通：《个人、群体、社会》，载《香港社会科学学报》1994年第3期。

〔2〕 参见甘阳：《中国社会研究本土化的开端》，载《香港社会科学学报》1994年第3期。

〔3〕 参见萧新煌：《旅美中国社会学家谈社会学中国化》，载《社会学中国化》，巨流出版社1985年版。

(1982)一书编者关于“中国化”的一般论说。“中国化”被认为在现阶段至少具有以下几项目的与意义：“（一）使社会及行为科学的研究更能反映与配合中国历史、文化及社会特征，如此则有关中国社会及中国人的研究活动才能更为有效，所获得的研究成果才能更为可靠。（二）强调对中国社会的重要与独特问题作系统性研究，以有效了解与解决有关中国社会与中国人的各种实际问题。（三）使中国的社会及行为科学研究者恢复其独立性与批判力，以形成自尊自信的自我概念，维护健全的专业意识。（四）使中国的社会及行为科学者能在研究工作上推陈出新，以对世界的社会及行为科学提供独特的贡献，进而消除社会及行为科学研究过分西方化（特别是美国化）的色彩，摆脱中国社会及行为科学在世界社会及行为科学中的附庸地位。”〔1〕把这段话与前引吴文藻关于“中国化”的论说相比较，可以发现二者在一些基本问题上完全一致，比如，二者皆强调理论与事实的契合，都注重社会科学解决实际问题的效用，都把具有独立研究能力的学者群视为“中国化”必有的一项内容，而它们所要对治的病症，即作为舶来品的社会学长期不融于中国社会以及社会科学研究中的生搬硬套，食“洋”不化等，也在很大程度上相同。这里还要特别指出一点，即无论20世纪40年代还是20世纪80年代的“本土化”运动，其中都包含有

〔1〕杨国枢、文崇一主编：《社会及行为科学研究的中国化》，“中央研究院”民族学研究所1982年版，“序言”。

文化上反殖民主义的要求。这种所谓“民族情绪”在西方文化霸权被从其内部动摇的 20 世纪 80 年代表现得尤为突出。当然，这两次运动都不曾为狭隘的民族意识左右而变成民族情绪的发泄，相反，它们都持守理性的立场，或对中国社会生活有深入的调查与研究，或就“本土化”理念做细致的梳理与探讨，从而保证此一运动得以健康发展。

以上对社会科学（主要以社会学为代表）“本土化”运动作了简单回顾，现在的问题是，今天在这里继续“本土化”问题之讨论是否有必要，若有，“本土化”之主张是否包含前述论说中各主要之点，又是否越出其范围而有更深一层的意蕴，以及这里提出“本土化”主张会不会产生负面效应，如若可能，则此负面效应都是什么，如何防止和对治。最后，回到本文题目，“规范化”问题缘何提出，其与“本土化”主张之间是否具有内在关联，若有，是什么，等等。

最近四十年里社会科学在大陆之特殊经历产生了一系列复杂问题，这些问题在一定意义和一定程度上是独特的。不过，就“本土化”问题产生之背景而言，仍有许多问题是中国社会科学者过去和现在所共同面对的。进入 20 世纪 80 年代，相对正常的社会科学研究开始恢复，但在长期的封闭之后，我们发现自己大大落后于世界，于是有了新一轮的西学东渐和留学热潮。这时，我们面对的问题与当年吴文藻们和 20 世纪 70 年代台湾地区学者想要解决的并无不同。一样地生搬硬套，一样地食“洋”不化(最近的事例是以“后”为尚，从“后现代”而“后”一切概念)。当然这只是引发“中国化”或“本土化”主张的一种较为表面的现象。摆脱通过输出学术思想、方法、概念而实施的西方文化霸权，最终获得学术地位上的独立与平等，也未尝不是“本土化”运动的一项合理动机。只是，稍有不慎，这种合理动机也有可能演成一种狭隘的民族情绪，而借“本土化”之名宣泄。盲目排外是一种国人曾经有过而且处于某种情态之下容易产生的冲动，这种冲动既非理性，危害亦显彰，这里可以不论。我想指出的毋宁是另外两种“负面效应”。第一种可以名之为“族属的本土化”。属于这一类的人认为中国的历史、文化及各种社会问题，只有中国人自己才能有最真实的了解与最真确的说明，所有外国的研究者无论怎样终是隔靴搔痒。这一类的看法被莫顿（R. Merton）概括地叫作“局内人说”(Insider Doctrine)，并予以逻辑上的有力驳斥。[1]关于此类观点，这里也不拟多谈，我只想指出，这种看法在我们周围就有，它貌似有理，实际不过是狭隘民族心理的一种较为隐蔽的形式罢了。第二种“负面效应”来自上面提到的“合理动机”本身，具体说是把“本土化”主要理解为反对文化殖民主义或所谓西方文化霸权这样一

〔1〕 参见金耀基：《社会学的中国化：一个社会知识论的问题》，载《社会及行为科学研究的中国化》，“中央研究院”民族学研究所1982年版。

种情形。这里我想指出的是，过多强调“本土化”的这一内涵，可能遮蔽包含其中的知识论问题。而事实上，“本土化”运动不但应当是社会学的，同时也应当是哲学的。最近读到台湾地区社会学家叶启政先生的一篇文章，他在那里把“本土化”理解为一种研究上的认知态度，而且明言“本土化”的“核心任务是哲学的”，[1] 真是深得我心。从认识论的角度看，社会科学移植过程中出现的种种问题首先来自于这样一个事实，即所有这些理论、学说、概念、范畴、方法、分类乃至术语都源于西方人的经验。这里我所谓经验既是个人的，也是社会的；既是主观的，也是客观的，它是融合了特定历史、文化、价值和旨趣的积淀物，而由这里产生的知识不可能是普遍的、恒定的，相反，它只可能是“地方性的”（格尔兹语）。指出这一点并非说只是源于西方的社会科学如此，而是说所有关于社会的知识皆如此。换言之，并没有一种方法或程序能够保证人们通过“纯客观”的观察而获得完全的“事实”进而达至普遍有效的真理。这种真理观原本是科学主义的一种迷幻，人类知识发展的障碍，也是文化殖民主义得以生存的一种条件。着眼于这一点，“本土化”的本义应当就是关注己身的经验，把一套关于社会的知识牢牢建立在此一经验的基础之上。这一原则看似简单，实际包含一个复杂过程，它将引发一系列不间断的省思、辨析

---

〔1〕 叶启政：《对社会研究“本土化”主张的解读》，载《香港社会科学学报》1994 年第 3 期。

和批判，因为事实上，我们不可能丢开已有的知识体系去处理任何一种经验，而想要了解自己的经验又不能不借助于他人的经验。这样，“本土化”同时也就包含了辨识知识之“地方性”的要求。从建设性的方面来说，这种辨识乃是一种积极的和开放性的对话，其目的不是排斥，而是了解以及在了解的基础上拓展不同人群共同拥有的空间。这样一种“本土化”运动显然不是封闭的和排他的，它将一方面同时容纳不同层次上的诸多目标，从社会调查方法的检验与改进到社会科学知识范式的建构，另一方面吸收尽可能多的研究者，后者只是“浸淫于中国历史文化传承，熟悉中国语言游戏及生活形式的学者”，〔1〕而不必是任何一种意义上的中国人。事实上，对于西方文化霸权最深刻的反省和最有力的挑战首先来自于西方文化内部。而率先检讨固有研究模式、自觉寻找能够说明中国经验之理论的努力往往也出自西方学者，举我们熟知的例子就有比如美国人类学家张光直先生致力于发掘中国考古材料的理论意义〔2〕（尽管在上述“本土化”理论框架里这种作法比较初级），经济史家黄宗智由中国近代史上一系列“悖论”现象入手探究规范认识危机及出路，〔3〕以及

〔1〕高承恕：《社会科学“中国化”之可能性及其意义》，载《社会及行为科学研究的中国化》，“中央研究院”民族学研究所 1982 年版。

〔2〕参见［美］张光直：《中国青铜时代》，生活·读书·新知三联书店 1983 年版；《考古学专题六讲》，文物出版社 1986 年版。

〔3〕参见［美］黄宗智：《中国农村的过密化与现代化：规范认识危机及出路》，上海社会科学院出版社 1992 年版。

相当一批美国学者试图“从内部”来撰写中国历史。[1]应该说，这些学者的工作均程度不同地对社会科学中国化有所贡献。当然，由于事实上从事于中国问题研究以及“浸淫于中国历史文化传承，熟悉中国语言游戏及生活形式的学者”绝大多数只能是生活在中国的学者，而且也只有他们对于本己文化负有特殊责任，“本土化”的中坚就只能是他们。

把“本土化”理解为一项跨越国界、族属的全球性运动，还有助于揭示这样一个事实，即社会科学的“本土化”（不管是在哪一个国家）并非要造就一种与现有社会科学截然不同的知识体系，而是要通过对其“普适性真理”的质疑、对其“地方性”特征的辨识以及对其隐含前提的暴露和批判性省思，使之融汇于本己经验，社会科学的传统将因此而更新，它将从众多不同的经验中获得滋养而日益成熟，那时，“世界体系中的范型分工”格局将彻底改善，不再是中心制造并输出知识，边陲对中心亦步亦趋，[2]而是平等多元，大家共享充分的对话与交流。就此而言，则“本土化”的意义又不只是向内来处理自身的经验，同时也是向外去创新社会科学共同传统。自然，这是一项极高极远的目标，而且，最终能否实现社会

---

〔1〕 详参［美］柯文：《在中国发现历史》，中华书局1989年版。

〔2〕 参见萧新煌：《社会学中国化的结构问题：世界体系中的范型分工初探》，载《社会及行为科学研究的中国化》，“中央研究院”民族学研究所1982年版。

科学知识创新上的“大同世界”，我也没有十足的信心。然而有一点可以肯定，那就是，作为一种认识态度的“本土化”运动，不但有助于我们提高自身的自觉与反省，且能够促进知识的健康发展，而更重要的是，对我们来说，此时此地，“本土化”不但必要而且可行。

上面的全部篇幅都用来讨论“本土化”问题，这当然不只是因为此一问题本身的复杂与重要，事实上，前面提到的和没有提到的几乎所有相关文献都没有谈所谓“规范化”问题，或至少是没有连同“本土化”问题一道讨论“规范化”。也许对那些讨论者来说这是一个不甚相关的问题。因此，如果我们在这里发现有足够的理由把这两个问题联系起来讨论，那就很可以表明当代中国问题的特殊之点了。

何谓社会科学研究中的规范？在我看来，小至学术纪律、引证规则，大至学术传承、学术道德和秩序，都可以包括在规范的概念里面，而所谓“规范化”就是要建立学术纪律，确立学术秩序，从而保证知识的有序增长，并使交谈成为可能。具体地说，它还包含有社会科学研究学术化的意思。

在过去的四十年里面，中国社会科学的发展在某些外部因素的影响下往往扭曲变形，难以保持学术的独立品格，同时由于长期闭关自守，中国的社会科学研究也大大落后于国际社会。尽管最近十数年来完全封闭的局面已经被打破，真正严肃的社会科学研究正在恢复且已获得相当可喜的进步，旧有之伪学术仍在全国范围内据有绝大势力。它们自说自话，继续其伪问题的讨论，并且凭借手中的“学术”权力维持其自身的再生产。这早已不是单纯的知识现象，因此也不是简单的知识增长所能改变和消除。另一方面，在业已恢复的学术领域，同样存在自说自话的情形，这主要是因为经过长时期的封闭，中国的社会科学研究者既缺乏传承，又没有对现今世界上学术思想及研究方法的通盘了解，其知识上的判断因此容易以偏概全，其研究上的定位往往表现了太大的随意性和偶然性。尽管并非所有人都如此，但这肯定是多数人的情况。而比这些更严重的是，学术研究甫经恢复百废待兴的局面，给了学术上的投机者可乘之机。这些人对于学术既缺乏虔敬之心，也无意于艰苦的学术劳作，他们不过假学术以谋其私，甚至自觉地去追求知识权力。于是，从不惮其烦地卖弄新概念到以各种形式公开或半公开的剽窃在这里早已屡见不鲜，而缺乏一种公正、合理和有权威性的学术评判机制，则使得这类学术上非道德现象无法得到有效遏制。凡此，皆是社会科学研究“规范化”运动所欲解决的问题。

解决“规范化”问题从何入手？回答当然是应该由社会科学研究者的自身实践开始。事实上，从那些已经提出的学术主张、已经开展的学术活动和业已创办的学术刊物等方面看，“规范化”运动已经开始。在学术刊物上建立正式的双向匿名评审制度，通过书评开展严肃的学术批评，不过是这场运动部分可见的努力。这里，没有必要一一罗列“规范化”已有的表现及应有的内容，我只想总括地指出，“规范化”在这里可以而且应当被简单理解为对世界上既有学术成果的继受，这包括遵循已有之规范，全面了解社会科学传统，掌握国际社会科学界通行的语言，尽管这些规范、传统和语言基本上是经由西方社会科学家确定下来的。我们应该坦白承认，西方社会科学家确实领先于我们：作为人类知识体系的一种，源于西方的社会科学比较我们已知的其他知识体系确能更好地说明发生在我们周遭的事情，这当然不是因为这种知识具有放之四海而皆准的真理性，而是因为这样一种“地方性知识”较之现有其他种种“地方性知识”具有相对更大范围的有效性，而这至少是基于以下三个方面的原因。首先，西方社会科学建立于其中的文明在其成长过程曾经大量吸收当时人类已有的文化成就，其知识体系本身经过长期提炼亦不失为一种认识社会的有力工具，尤其是它具有相当的明晰性和可操作性，因而，容易成为理性的对象而为各种不同知识文化背景的人共同掌握和验证。其次，随着19世纪以来西方工业社会的全球性扩张，不同社会之间的同质性日益增加，这意味着人类不同经验彼此接近乃至融汇的可能，也意味着原本产生于西方人经验的知识体系有可能在更大范围里适用。再次，西方社会科学家并不以说明己身经验为满足，他们也试图去说明其他人类的经验，而在这样做时，他们并非一味强加于人，而是不断探索、反省，希望尽可能“从内部”去了解他人的经验。在这方面，他们在哲学上的深刻省思和人类学研究中的艰苦劳动尤其值得称赞。正因为有这样一种开放的心胸和诚实的态度，同样是一种“地方性知识”的西方社会学就较少封闭、偏狭、神秘及其他缺点，而值得我们认真学习。

强调这样一种“规范性”似乎是在抵消“本土化”的意义。事实上，只讲“规范性”确有可能促成我们竭力想要通过“本土化”运动予以消除的种种现象。然而这种情形与其说是向我们表明了“鱼与熊掌不可兼得”的两难境地，不如说为我们指出了一个同时解决不同问题的有效途径：通过学习先进来改善自身处境，以开放和健全的心态抵制狭隘的民族主义和地域观念；通过不断反省批判地吸收域外理论，靠高度自觉来防止对外国经验的盲从和生搬硬套。换言之，同时开展规范化运动和本土化运动，保持二者之间适度的张力，乃是中国社会科学的健康发展之路。

以我们目前面临的问题而论，实现“规范化”不易，实现“本土化”更难。然而这既不是我们放弃这些目标的理由，也不是我们等待“规范化”之后再谈“本土化”的理由。我们现在就来着手这件事情，这表明了中国社会科学研究者的自觉，有了这样一种自觉，则中国社会科学的繁荣指日可待。我们今天在此讨论“规范化与本土化”问题，其意义也在于此。

大学、学人与学科*

对“外国法制史”学科发展的几点思考

对我来说，这是一个特殊的时刻，也是一个特殊的场合。将近三十年前，我来到中国人民大学法律系，师从林榕年老师，成为外国法制史专业的一名硕士研究生。也是在那期间，我曾两度参加外国法制史研究会年会，认识了不少本专业的老师和同道，包括刚才报告的何勤华教授，也是外国法制史研究会的现任会长，还有今天在座的多位老师。但是后来，我离开了人民大学，也离开了这个专业，与各位老师难得一见。今天，因为这样一个机会，我不但能够重回母校与老师相聚，而且能再见当年的同窗和久违的外国法制史同道，感觉非常亲切。今天分配给我的任务，是对何勤华教授的报告和相关主题做一点评论。但是因为前面说到的缘故，我想在评论之前先发表一点个人感言。

---

* 2011 年 4 月 9 日，“新中国外国法制史学科发展六十年研讨会暨林榕年教授从教六十年庆典”在中国人民大学法学院举行，作者应邀出席了当日的研讨会并做发言。本文系作者根据这次发言整理而成。文章标题系发表时拟定。

最近这些年，人们常引过去清华大学校长梅贻琦先生的一句话："大学非大楼之谓也，大师之谓也。"那么，大师从哪里来呢？大师生长的土壤又在哪里呢？如今，被奉为大师、泰斗的人已经很多，但是我们的大学还是没有办好。在我看来，问题恐怕不在于有多少"大师"，而在于有什么样的大学。什么是大学？我个人的理解，大学是教与学的共同体，也就是老师和学生组织起来的共同体，一个教育共同体，也是学术共同体。我们学习外国法制史的人都知道，现代西方大学起源于欧洲中世纪，而且同法学这门学科的发展有密切的关系。在大约 11 和 12 世纪的时候，欧洲出现了一批教授法律的学校，其中以意大利波伦那的最为著名，那就是现代大学的前身。当时的大学就是一个教学共同体，是一个老师和若干学生缔结的一种关系。这种大学和较早那种由教会或者修道院直接管辖的教育机构不大一样，它们有更多的自主性和更大的自治权利。英文"大学"这个词，university，来源于拉丁文 universitas，就是公会的意思，是学生自己管理的组织。后来这类组织逐渐演变为近代的大学，这个过程中很漫长，也很复杂，但是大学作为具有自主性的教育和学术的共同体这样一个传统，还是保存下来了。

中国古代文教制度的发展与此不同，但也有可以相比较的地方。我们都知道，中国思想史上最具创造力的时代是先秦，当时有所谓诸子百家，思想和学术的繁荣达于极致。这种局面的出现，是之前的"学在官府"传统瓦解，而民间私学兴起的结果。在那以后，无论就文教制度还是思想发展而言，私学传统一直很重要，尽管后来儒家知识分子跟政治的关系非常密切，但他们向以道德价值的阐释者自命，守护道统，同政治仍有一定隔离。历史上的私人讲学传统绵延不绝，发展成为书院制度，对中国思想和学术的发展产生重大影响。这种传统是可以和西方大学传统相媲美的。到了近代，西方大学制度传入，取代了中国传统的文教制度，但是私学的精神并没有被抛弃，而是融入到新的文教制度中了。因为有这种融合，才会有后来的北大、清华和西南联大。当然，我说的北大、清华，可不是今天的北大、清华。它们名字虽然一样，内里的精神已经完全不同了。前几年有一本书很流行，何兆武先生的《上学记》，其中一章讲他在西南联大读书的经历，让我们一窥当年文教制度的风貌。当时大学的境况极为艰难：国家危亡、师生颠沛流离、物资极端匮乏，但是教授的学识、人格和风采，学生勤奋读书和自由讨论的风习，在在令人神往。西南联大就是在那样的环境下培养出一大批青年才俊，实非偶然。稍早一点，何炳棣先生的《读史阅世六十年》也写到清华大学和西南联大，对这两所学校的精神、人物和风习着墨甚多。我觉得，今天大学中人，从校长到教师到学生，都应该读读这些章节。我在这里只提书中的一小段内容。何炳棣讲到冯友兰时，说他擅长说理，文辞极佳，并把他当年代西南联大拟就的拒绝“教育部”要求各校统一课程、教材及考试的一封“公函”

全文引录，视之为“力争学术自由、反抗思想统制”的佳构。接着他又引录冯氏1945年为“西南联合大学纪念碑”所拟的碑文，对其辞、情、理盛赞不已，誉为典雅铿锵的“至文”。但最后，他笔锋一转，写道：“此碑永存，而它所代表的学术自由精神未数载即开始消逝了。”

那么，今天的大学是怎样一种情况？我想，今天的大学，1949年以后，大概可以分为三个阶段。第一个阶段的主题是改造：院校合并，这是组织和机构的改造，更重要的是思想改造，那完全是针对人了。第二个阶段的主题是政治，政治统领一切，“红”统领“专”，甚至取代了“专”。现在我们是在第三个阶段，这个阶段的主题是现代化，大学的目标是要争创世界一流。在这个背景下，今天大学的规模、招生人数、大学资产、硬件设施，还有产出，可以说都是惊人的。我看到一则材料说，中国论文的数量世界第一，但是同一篇文章又说中国论文被引证的数量排在很后。虽然引证数量并不能说明所有问题，但至少让我们考虑一下，世界第一的规模到底意味着什么。我想有一点是清楚的，那就是，今天的大学已经和上面描述过的大学离得越来越远了。它不再是一个“教和学”的共同体，而变成一种官学体制，在这个体制里面，大学只是行政的附庸，官以统学、学为官设、学为官用。官对于学的支配，透入制度，败坏人心，造成无数弊害。我们现在看到的学术和教育领域里面的很多问题，追根溯源，都跟这种体制有关。这些问题今天不能详述，只讲一点，那就是，在这种体制下，学术共同体不存，学术传统无由建立，大学缺乏自主性，学者没有荣誉感。所以，大学为了争得资源，可以随便改换校名；盛大的校庆要到人民大会堂去办才算成功，大会能请到党和国家的领导人才觉得光荣。在这种情况下，学术不纯，学者不精，岂非必然之事？

怎么改变这种状况？陈寅恪先生为王国维撰写纪念碑铭，其中“独立之精神，自由之思想”一语最为后人传诵，他讲的是学者的精神、学术的精神。今天大学最缺的就是这种精神。这种精神该如何去培养，如何让学者有尊严，学术不致沦为工具？我觉得，重建学术共同体是非常重要的，而这可以从细微处做起。我也是由此来看今天这样一个纪念会的意义。

在我个人的求学经历当中，有两位林老师非常重要。这两位林老师既是同窗，也都是外国法制史专业的创业者和奠基者。一位是西南政法学院的林向荣老师。当时，林老师的人格魅力和学识把我们同学中的一批好学者吸引到了外国法制史专业。来到人大以后，我又受到林榕年老师的教诲。林老师治学谨严，为人宽厚，从不疾言厉色。他诲人不倦，却不强人所难，他更多的是提供条件，让我们充分发展自己的潜能。这些让我受益良多。而林老师自己，年复一年地从事教育、研究和著述，一点一滴地建设自己的专业，且以此为满足，如此凡六十年。没有显赫的地位，也不是炙手可热的人物，只是尽一个教师的责任，做好分内的事情。这样的经历，平凡而伟大，而且很有代表性。在我看来，大学首先就是由这样的老师，还有他们的学生组成的。他们是大学的主体，他们应该受到尊敬。我们今天来此纪念林老师从教六十周年，有一种超越个人的含义。今天在座的各位老师和同学，是作为一个共同体的成员在此相聚，我们纪念的事情和谈论的话题，也是这个共同体成员共同关心的问题，我们了解并且肯定这些事情的意义。这些都非常重要。我们要重建学术共同体，建立学者的荣誉感和职业伦理，正可由此点滴经验的累积中去寻觅、拓展和建立。

现在我试着对今天的报告发表一点评论意见。

首先需要说明一点，我最后一次参加外法史年会是在 1985 年，而在 1993 年离开人大以后，我同外法史专业的最后一点联系也断了。这么多年，我对外法史这门学科的发展可以说是一无所知，所以对我来说，今天是一个学习的机会。至于评论，我相信在座很多老师比我更有资格，而我能提供给大家的，不过是一些零星的印象和感受，肯定不周全，更不一定正确，我期待着各位老师的指正。

我想先从勤华教授的报告开始，再结合其他发言人的报告，谈一点个人的感想。

勤华教授的报告追溯了外国法制史学科创建以来的发展历程，重点介绍了 1980 年代以来的学科发展，包括机构设立、课程安排、学术研究、人才培养等主要方面的情况，资料翔实，叙述全面，让我从中了解到很多东西。比较我参与其中的那个年代，本学科今天的发展毫无疑问向前迈进了一大步，如果同学科草创时相比，它的进步就更不用说了。作为一个基础理论学科，一个法学中的边缘学科，外法史能在这样一个讲求实利的时代保存下来甚而得到发展，其艰难可想而知。这其中，有许多经验可以总结。

我注意到，勤华的报告讲到“翻译”的那部分内容，涉及的是广义上的外国法制史领域，而我个人更关注的是狭义的外国法制史学科的发展和问题，也就是专门从事这个学科或者专业的学者和相关的机构、组织从事的活动，他（她）们的研究，他（她）们使用的方法，以及他（她）们面对的问题等等。这些方面的情况，勤华的报告当然讲了很多，但是对我来说，还有很多的问题不是很清楚，特别是学科内部学术成长的情况，它们涉及学术研究品质的评价，也涉及比如方法、合作、研究机制等方面的问题。下面是我想到的一些问题。

我们研究外国法制史，首先碰到的是这些外国本国的法律史研究，比如英语学术界的英语国家的法律史研究，像是梅特兰、霍尔兹沃斯的英国法律史，或者弗里德曼、霍维茨的美国法律史，或者意大利学者的罗马法研究，这时我们会面临一个选择，是采取各种方式介绍和消化这些研究，还是另起炉灶做自己的研究，或者，研究和介绍并重。取舍之间有什么考量？我们自己的研究要解决什么问题？如何评估其价值？勤华的报告提到历届年会提交的论文，还有很多博士论文，这许多论文的题目都是什么，为什么选择这些题目，它们之间有何关联？如果提出这些问题，我们可能会发现一些可供思考的东西。此外，对研究方向的界定，和对题目的选择，都要根据特定的目标加以评估，而这个目标是什么，也需要有清楚的认识和论证。

另一个问题是人才培养。这些年来，外法史专业毕业的博士研究生逾百，硕士研究生数量更多。那么，本学科的人才培养主要基于一种什么样的考虑？我们要培养的人，是一种高端的知识精英，以后专门从事高等教育和学术研究，还是不考虑他（她）们将来做什么，或者各有一定比例？如果是后者，如何确定这个比例，总体数量怎么样算是合适，如何分配教育资源，怎样确定培养科目和训练内容？当然，招生考虑的主要因素实际上可能还不在此，那么，应该如何平衡不同考量，找到一个最有利于学科发展的方案呢？

还有一个问题也很重要。回顾外法史学科发展，总结其经验教训，我们基本上是在学科内部看，现在比较以前有什么样的变化，这是自己和自己比，但比较也可以有其他维度，可以与其他学科比。最近的学科就是中国法制史。这两个学科关系密切，或者干脆就是一个学科，但二者的研究对象不同，研究的条件也有一定差异。把它们放在一起比较，或者扩大一点，拿“外国法制史”同“本国法制史”比较，会看到很多有意思的东西，这点下面还要细谈。比较的另一个维度是内容，我们拿什么东西相比较？是方法上的异同，还是学科的影响力？是和其他学科的关系，还是本学科在整个法学建制里面的关系？这些方面的比较，有些可以在学科内部进行，有些可以在学科之间进行，还有的可以在不同法域的法学体系之间进行（比如和台湾、香港地区的同类学科比），它会提供更多视角，帮助我们更好地了解本学科的状况。

最后一个重要问题涉及合作与对话。合作对象可以是不同学科，比如中国法制史以及法学的其他学科，或者是法学之外如历史学、人类学、政治学等学科。这样的合作有助于拓展研究视野，提高本学科研究的品质。同国外学者，尤其是被研究国家的学者之间交流和对话，是合作的另一个重要方面。实际上，这也是我们外法史学科特有的问题。“外国法制史”研究能不能为被研究国“本国法制史”所承认甚至对其产生影响，或者，同为“外国法制史”研究，一国的外法史研究能否在国际学术界同一领域得到承认，是衡量这门“外国法制史”成熟度的重要参考。作为外国法制史研究者，如果我们的研究不能得到更广泛的承认，不能参与国际性的交流和对话，我们就必须想一下，这部分研究的意义在哪里，我们是否应该改变这种状况，我们能够做些什么，从哪里入手？

总之，我们需要从多个角度来考察和评估外国法制史的现状，看需要改进的是什么，可能做的又是什么。这样，在回顾外国法制史发展六十年的时候，我觉得可能有两个方面工作需要更进一步。首先，我们需要一个关于外国法制史学科发展及现状的更加全面、更加详细并且有交叉性和纵深性的描述。这是一项工程，不是一篇文章可以完成的。勤华教授为这项工程奠定了基础，接下来需要更多的同仁思考和讨论，共同完成这样一个描述。那时，我们对本学科的成绩与不足、现状与未来就会有一个更清楚的了解，对下一步应该做什么和能够做什么，也可能会有更有把握。其次，我想强调一点：在谈论“外国法制史学科发展60年”这个题目的时候，尤其是在今天这样的场合，看到并且肯定这个学科取得的成绩肯定是非常必要的，但是我们不能没有“危机意识”。我强调“危机意识”当然是基于我对包括法学界在内的中国学术界和教育界状况的认识。即使不考虑这些背景因素，专就外国法制史学科而言，谈危机意识可能也不算过分。在今天的会上，我们听到一些年轻教师的发言，她们对自己从事的这门专业缺乏信心，她们提到的问题包括课程的讲授，本学科与其他学科的关系，甚至，外国法制史这门学科的合法性等等，其中有些问题，在我还是本学科一员的时候就已经被提出来了。的确，跟过去相比，今天的外法史学科称得上是繁荣，看上去也很稳定，但是如果本学科的中青年教师都对自己的专业缺乏信心，我们能没有危机感吗？

我觉得，外国法制史这门学科的发展，从一开始就面临一些特殊的困难，这些困难是法学其他学科甚至中国法制史都没有的。研究某个“外国的”法制史，或者开设一门这样的课程，这在世界上任何一所法学院都有可能，但是把它建立在一个几乎是包罗万象的“外国法制史”的概念上，并开设固定课程，这大概只有中国了。这种情况是历史造成的，这一点我想大家都很清楚。当初设立“国家与法权通史”，也就是后来“外国法制史”的前身，后面的意识形态背景清晰可见。这种法的意识形态有两个特点，第一是把法与国家紧紧绑在一起，法律是政治的一部分；第二是以一种全景式的历史叙述，揭示所谓历史发展的客观规律，去证成社会主义和共产主义的必然性。“国家与法权通史”为此而设，其合法性，在当时的苏联和中国，完全不是问题。但是时过境迁，如今，苏联东欧的社会主义体系早已解体，中国也已经进入到我所谓“后阶级斗争意识形态”阶段，中国的法学理论以及相应的研究和教育也都随之改变。在此过程中，经过差不多两代人的努力，“国家与法权通史”变成了“外国法制史”。国家和法律分开了，揭示法律发展规律的意识形态色彩也淡化了，保留下来的，是全景式的历史叙述，还有以这种历史叙述为核心的这门学科。这就产生了一个问题，这种全景式的历史叙述，没有了意识形态的统领，很容易变成一种“世界法制史”概览，而且其范围大小，其中的详略轻重，也会因此失去内在的取舍标准。这时候，如果不考虑传统的因素，即它已经存在，而且有学科建制和人员编制，为什么让学生学习这门课程，就需要加以说明。固然，我们可以找出一些理由说明其存在的必要，但是其他人也可以找出一些相反的理由来主张限制、缩小甚至取消这门学科。这种情况不会发生在一些传统的法律学科甚至是中国法制史里。这里的问题不在于我们讲授的东西是不是知识，或者甚至是不是“有用的”知识，而在于法学内部的这些知识门类应当怎样搭配算是科学，以及，在受课程、课时、教学人员等条件限制的情况下，教育资源如何分配才算合理。今天讨论中一些老师提到的学科性质的问题、方法的问题、课程内容讲授的问题、与其他学科关系的问题等等，都表明我们这门学科还在转型的过程中，它还不能说已经完全成熟了。

如果转型之说成立，下面的问题就是，我们应当转向哪里，又如何转呢？这些问题，我回答不了，不过我想说，答案是有的，而且就在我们大家的思考和行动当中。今天有位老师提到外国法制史课程改革设想，希望增加一个导论，把外国法制史涉及的若干理论问题拿出来讨论。这个想法也许还不成熟，但是很有创意，它要解决的，在我看来，其实就是去意识形态化之后全景式的历史叙述平面化的问题。当然，这种尝试对讲授者会是一个挑战。除此之外，也可以设想其他方案，大致的方向，我想，应当是“化整为零”，或者说课程结构和内容的多样化。要考虑的基本问题包括：（1）着眼于法学院学生的需要、不同门类知识的合理配置以及相关学科之间的关系，如何确定这门课程的性质和范围？（2）基于本学科的传统，也根据我们现时的关切和能力，法制史讲什么、如何讲最为妥当？（3）根据本校本系本教研室（如果还有教研室的话）的情况，向哪个方面发展最有前途？湘潭大学老师今天的报告给我很深的印象，他们的非洲法中心完全是建立在学科整合的基础上，虽然这种整合不是人为谋划的，而是机缘巧合，但他们抓住并且利用了这个机会，开拓了一个很有前途的研究领域。其实，从一种狭隘的立场出发，人们可以批评说，这个非洲法中心已经不再是或者不完全是“外国法制史”了，中心的活动甚至涉入法律实务的领域。但是，我想，外国法制史的发展需要想象力，也需要试验，用一种陈旧的和狭隘的学科定义把自己束缚起来，很可能有一天会发现走不下去的。所以，在学科发展问题上，我愿意提倡一种更开放的态度，一种实验的态度。同是一个学科，但每个学校都可以根据自己的情况作出尝试，并慢慢形成自己的特点。在此基础上，大家再来比较和讨论，看哪些做法更有利于学科发展，哪些发展方向前景更好。

与此有关的，是教材问题。课程结构和内容的多样化，自然会带来教材的多样化。当然这需要一个过程，在这个过程中，传统式样的教材可以保留，这样，在课程改革的多样化与教材的相对统一之间，可以有一种平衡。不过，传统式样的教材本身也还有改善的可能。比如，可以把这些年积累的有关外国法制史方面的成果，包括翻译的和研究的，更多地吸收进来；增加注释和中西参考文献；加强教材的研究性；改变传统的集体编写模式，让教材更有个性等等。勤华的报告就教材问题有很详尽的说明，我们都知道，这方面每一点改进都很不容易。也正因为如此，可能更需要在这方面多加努力。

刚才由嵘老师提到编写外国法制史多卷本的想法，也有其他老师呼应。这个建议听上去很有吸引力，而且我相信，以此为由争取立项和获得国家科研基金，成功的可能性很大，而组织人手共同编撰多卷本，其运作方式对我们应该也是轻车熟路。不过，这个想法一旦付诸实行，就要动员整个外法史界，未来若干年里，本学科的所有资源，包括的人力的、资金的和智识的，恐怕也都会被吸纳进去。因此，我们需要仔细想一想，究竟是否需要启动这样一个大项目。我们要考虑一下，目前本学科发展中最重大的问题都是什么，需要大家合力应对的困难都有哪些，从编撰多卷本这样的项目中我们将得到什么，又可能失去什么。中国法制史已经有了多卷本，这似乎是编撰外国法制史多卷本的一个理由。但在我看来，这也许不是一个好的理由。从积极的方面说，中法史多卷本集中展现了该学科数十年累积的研究成果，从消极的方面说，多卷本不过是原有通行教材的放大，鲜有新意。我怀疑，在这一点上，外法史多卷本会超出中法史多少。更重要的是，中法史没有外法史的先天不足，它没有前面谈到的那种合法性危机，它根基更深，规模也更大。在这些问题上，我们很难跟中法史比。对我们来说，现在最重要的是创新，不是重复。即使是更高水平的重复，仍然是原地踏步，而创新却是向前迈进。

有关外法史研究方面的问题，也想到几点，提出来请大家指教。

第一个是工具问题。我所谓工具，狭义上就指语文。外国法制史研究遇到的第一个问题就是语文，这也是本学科的特殊性所在。研究罗马法，应该通晓拉丁文，研究希伯来法，最好有希伯来文的基础。做不到这一点，至少要能够熟练运用英、法、意等现代西方语文才好。对相关语文掌握的程度，直接影响到研究的质量。这方面的道理无需多言。从这个角度看，对翻译同外法史研究的关系，可能会有不同的评价。这些年来，与外国法有关的翻译数量可观，其中许多可以用于外法史的教学和研究，这对整个学科的发展无疑有很大价值。但是现有的翻译，质量参差不齐，甚至，总体而言，水平也不高，这种情况对主要依赖译作展开的研究，肯定会产生负面影响。今后应当通过改善我们的工具，尽量减少这种影响。如果有一天，外法史研究主要通过参阅相应的外国语文甚至是第一手的原始文献进行，那时，这个学科的面貌就会完全改观。总之，工具问题具有基本的重要性。

广义上，除了语文，工具还包括材料、方法和理论。我们以欧美学者的中国法制史研究为例。这种研究，对他们来说，是“外国法制史”，对我们来说，则是本国法制史，而且因为是“本国法制史”，我们在评估其短长的时候，就处在一种特殊的位置上：一方面，我们据有本土的视角和若干优势，包括语文上的，但是另一方面，我们又可以由此出发，透过想象的体验，从相对应的“本土”学者的角度反思我们的外法史研究。

已经介绍到国内的作为“外国法制史研究的中国法制史”著作很多，随便列举几本：比如法国学者童丕所著《敦煌的借贷》，主要运用敦煌出土的史料写成，代表了欧洲汉学传统；美国学者孔飞力著《叫魂》，研究乾隆时期发生的一系列有关妖术的案件，讨论皇权和官僚系统之间的关系，运用了大量的历史文献，尤其是朱批档案；日本学者滋贺秀三等著《明清时期的民事审判与民间契约》，涉及的学科领域十分广泛，既有早期日本东洋学的传统，也代表了较为晚近的研究方向。这些研究出于不同传统，各有特点，但也不乏共同之处，比如，这些学者对研究工具都有较好地掌握，研究中大量使用一手资料，问题意识比较明确，研究视角多样，理论资源也比较丰富。对于我们本土的法制史学者来说，这些研究有不可取代的价值。实际上，它们往往还有某种示范和导引作用。有时，这种影响甚至与其实际价值不相称。比如前些年，有一位美国学者的中法史研究被翻译引进，一时大为流行，其影响至今不衰，其实那个学者的研究问题很多，但少有本土学者提出有力的批评。造成这种现象后面的原因很复杂，已经不单纯是所谓学术问题，而涉及话语权、中心—边缘关系，甚至“文化霸权”等等，就这一点来说，外法史研究要在被研究国取得类似上述研究在中国那样的地位，也不是一个学科的事情。

除上面提到的中国法制史研究，还有一类研究也值得注意，这类研究的主体不是所谓中国法制史学者，他们甚至不通中文。他们对中国法制史的兴趣，也不在其本身，而在更大的理论建构。尽管这类研究的基础只是二手文献，因此也难免出现这样那样的“误读”，但因为这些学者有非常扎实的专业训练和极好的理论修为，他们的观察和分析往往有独到之处，颇具启发性。这方面的著作可以举两本，一本是马克斯·韦伯的《儒教与道教》，另一本是罗伯特·昂格尔的《现代社会中的法律》。这两本书都论及中国法律史，且见识不凡。两本书都有中译本。

从外国法制史学科角度看，前一类研究是我们的“本职”，至少狭义上是如此，后一类研究与本学科有关，但肯定不限于这个学科。这表明我们这个学科的特点，即一方面，在法学里面，这个学科注定很小，而且只能居于边缘，但是另一方面，它视野开阔，胸怀广大。小到细致入微的实证研究，大到跨学科跨领域的理论建构，都可以在这里找到支持。我个人的经验也说明，无论我们是否始终从事于这个专业，都会因为曾经进入其中而受惠。由此想到的是，外国法制史到底是一个什么样的学科？它应该培养什么样的人？

根据上面的理解，我想，外国法制史学者的训练可能可以分三个层面：第一个层面是语言上的。至少从现在开始，硕士以上的研究生不应该再靠别人的翻译来做自己的研究，我的意思并不是说不能参考和使用翻译文献，而是说他们应该有能力不依靠译著进行研究。这意味着，从入门开始，对本学科研究生外国语文的要求一定是比较高的，博士生甚至应该通晓两门外国语文。第二，在专业上，要求学生修习的应该是“法制史”，而不仅仅是“外国法制史”。记得我们当年考试的时候，报考的学科是“法制史专业，外国法制史方向”。这样说来，外国法制史甚至不是一个独立的“专业”，而只是一个“专业方向”。实际上，把“中国法制史”同“外国法制史”分开设立，并非出于知识系统本身的考虑。尽管在课程设置上把二者分开有其道理，在学生培养和知识训练方面人为地割裂二者，不但无据，而且有害。此外，外国法制史天然地是一个比较法学科，这个学科的学者自然也应该是比较法学者。第三个层面可以称之为专业背景。外国法制史也好，法律史也好，都是法学的基础学科。所以，专业背景方面的训练和要求，就不应该仅限于法律史，而应该及于法学的其他学科，比如法理学和各部门法学，甚至要扩展至人文学和社会科学领域：历史学就不用说了，伦理学、宗教学、哲学、人类学、心理学、经济学等，无论深浅，都应该成为专业背景的一部分。总之，学科的交叉性和方法的多样性，应该渗入和体现在外法史的研究中去。如果是培养高端人才，尤其需要考虑这方面的要求。

着眼于这个方面，现在的外法史研究和训练，方法上可能还比较单一，研究涉及的领域也还不够广泛。比如，罗马法的教学和研究传统上一直是外法史的一项重要内容，但有点奇怪的是，中国研究罗马法的重镇不在外法史，而是在民法。又比如对香港和威海殖民地法律的研究，尽管这方面的研究很多是以中国传统法律和习惯为主要内容，但实际上，要深入研究这个问题，对英国普通法制度的了解是不可少的。遗憾的是，研究这些问题的都是中国法制史学者，外法史方面似乎没有人参与。这种缺席是不应该的。

上面就是我想到的一些与本学科有关的问题。因为所知有限，之前也没有机会深入调查，通盘思考，上面讲的多半是隔靴搔痒，提出的建议也未必能够实行。如果没有林老师不断的督促和鼓励，我恐怕也不会不揣冒昧，在各位同仁面前直陈己见。说到底，在座的各位比我更了解本学科的问题，也比我更有能力去解决这些问题。尽管改变体制非短期可以奏效，也非少数学科可以做到，但是如果我们像林老师和由老师这些前辈那样，从自己做起，坚持不懈，相信在现有条件下还是大有可为的。

梁治平：理想主义是不应该被磨灭的*

采访时间：2007 年 12 月 12 日

采访地点：中国艺术研究院 · 北京

在大学里感受思想解放的气息

马国川：你是“文革”后的西南政法学院第一届毕业生。在上大学之前，你在哪里？

梁治平：我当时在湖北的一个军队盐厂，二级钳工。

马国川：那时不能考大学，但是有工农兵大学生，是推荐上大学。

梁治平：推荐上大学的人数很少，我从来没有这种可能性，我也没有这种渴望。特别是到了军队的工厂后，我觉得那个地方比较适合我。因为是半军事管理，工人都是老百姓，但是车间主任叫连长，还有指导员，包括厂长、

* 本文原载马国川：《我与八十年代》，生活 · 读书 · 新知三联书店 2011 年版。收入本书时有删节。

政委、副厂长都是现役军人，我从小在部队长大，所以比较适应这种环境。

马国川：你的身份呢？

梁治平：就是工人。我喜欢读书，也写写画画，出板报，所以我的理想是做一个政工干部，好像这是当时可以想到的，而且可以实现的一个比较好的出路。当时的理想就是这样。

马国川：1977 年恢复了高考，当时你正好 18 岁。

梁治平：那一年我没有参加高考。我当时喜欢画画，想考美术学院，其实以我的水平考美术学院，竞争力是比较差的，但我自己并不知道。后来我问一个新闻电影制片厂的美工，他指导过我。他不太赞成我考，因为大学招生中断那么多年，很多民间的人才都冒出来了，所以我的希望不大。第二年我才参加高考，因为我们那个时候是先出成绩，再填报志愿。我的考试成绩“历史”和“语文”比较好，所以第一志愿就填了武汉大学的历史系，第二志愿是北师大的心理系，第三志愿才是西南政法学院。其实，我当时并不知道法律是怎么回事，也谈不上喜欢，只是觉得要排除掉不喜欢的，就剩下这个了。所以后来我收到西南政法学院的录取通知书时，还有点意外。

马国川：实际上，当时西南政法还是不错的，78 级培养了一大批人才，其中既有法学家，如你、贺卫方等，也有大法官，现在最高人民法院副院长中就有好几人是西南政法学院 78 级的学子，还有政治家，如现在湖南省长周强，等等。

梁治平：当时条件相当艰苦，但是学校的气氛非常好。西南政法学院在“文革”中停止办学，1978 年才开始恢复招生。70 年代末有一种振奋的和向上的精神状态。时代的转变，使每个人都觉得前途光明，而且社会也还没有淹没在物欲当中。在那种俭朴的状态下面，人们的心智还算健康。当时学校里师生关系和学生之间的关系也比较亲密，老师和学生之间的关系好像同志的味道更浓一些。那么多年没有学生，现在终于有了机会重新办学，老师和学生都很珍惜这样的机会。那种宽松、自由的氛围，比较有利于自由精神的成长。这和今天大学里的情况很不一样。

马国川：是不是有点像西南联大？何兆武在《上学记》里写道，抗战时代的学生对未来充满信心，相信抗战结束后中国将有一个光明的时代，中国会像凤凰涅槃一样迎来新生。

梁治平：在某些方面可能有一点像。那时大家都有理想，对未来充满憧憬，不像现在的大学生，一进校门就考虑怎么处理和老师的关系，还有将来的工作。现在的学生选择专业很世故，工于计算。当然，我们那时候基本上也不需要考虑工作问题，因为国家包分配。相反，因为有“文革”的经历，大家的求知欲望非常强。

但是除了上面这一点，其它方面恐怕与西南联大没有可比性。时代完全不同，教育的理念、学术的根基、大学体制，还有人，尤其是人的精神气象，都不相同。这些方面，现在的大学更无法与之相比。

马国川：你在学校读了许多书吧。

梁治平：并不多，我们那时候没有什么书可以读，学校刚恢复，图书馆没什么书，有的也不够借阅。那时候我甚至觉得，天下的好书很少，少到一个人都可以买尽。

马国川：当时的中国已经开始思想解放，在大西南你能感觉思想解放的气息吗？

梁治平：当然。当时学生自发出墙报，其中不少文章很有思想，吸引了不少人。记得当时同年级同学蒋庆有一篇谈异化问题的理论长文。

马国川：是现在提倡儒学的蒋庆吗？

梁治平：是他。他是另一个大班的，我们当时分两个大班上课，因为我们没有在一起上过课，所以不熟，私下里也没有交往，但我知道他，因为他是学校里的名人。蒋庆之前当过兵，在部队就很喜欢读书，喜欢思考。他在墙报上发表的那篇谈异化的文章，是对马克思的重新解读，轰动一时，大家一窝蜂去看，我不喜欢凑热闹，没去。我那时也没有这样的一种思想深度。蒋庆的文章当时是比较出格了，这给他带来很大的压力，一直到他毕业的时候都有影响。他后来读西方的典籍，钻研基督教，钻研佛教，最后服膺于儒家之学，这是他追寻个体生命安顿的结果。他是很真诚的。

马国川：但是也有人说他是投机。

梁治平：这完全是误解。90年代初期，蒋庆出版《公羊学引论——儒家的政治智慧与历史信仰》之前，请我写序，我们因此有了交往，我才开始接触他的儒学思想，以后断断续续有些联系。他是个真诚和正直的人。我并不一定同意他所有的看法和观点，但我对他的思想抱有同情的理解，而且认为他做的事情很有意义。

上大学期间对我们产生影响的还有涉及思想解放的各种报刊文章，有反映社会问题的报告文学，反映50年代和文革历史的传记、小说，这些东西一出来大家就争相阅读、传看、讨论。这些文章现在看来很普通，在当时却有一种激动人心的影响力，那时的人对这些东西真的感兴趣。应该说，当时的资讯并不丰富，通讯渠道也远不如今天发达，不过这类材料都还能及时地获得。跟北京、上海、武汉、广州这些城市相比，重庆算是一个偏僻的地方，但是绝不封闭。反过来，因为开放，也就不觉得偏僻了。我倒觉得，在今天这样的资源分配格局下，包括重庆在内的很多内地城市倒真是越来越显得偏僻了。

马国川：这几年西南政法人流失严重。

梁治平：当年西南政法学院是全国唯一的政法学院，比其他政法学院招生都早，而且是重点院校，所以有其特殊之处，虽然在地理位置上偏僻，但是在知识布局、人才布局上有特殊的位置，可能异军突起。而现在，好一点的老师都流走了。不只是西南政法学院，所有内地高校都是这样。差不多能走的教师都走了，不是到北京就是到上海、广州。国家的钱都投向这些地方，最好的学生也都向这些地方集中。现在资讯发达，还有互联网，但从某种意义上来说，地区之间的不平衡性更严重了。所以，当年西南政法学院的成就在今天这种情况下是不可能了。

“《读书》是当时青年学子精神上的滋养”

马国川：1982年大学毕业，你面对着许多选择。

梁治平：我选择了继续读书，读研究生。其实我并不在意研究生的学位，我读研究生不是出于功利的考虑，就觉得既然喜欢读书，再读三年，挺好的一个机会。那时候考研究生的人远不像现在这么多，因为找工作不是问题，甚至想到北京工作也不是没有可能的，我那一届的同学就有不少人分到了北京。我考研究生是一种生活方式的选择。因为研究生毕业后可以在大学当老师，而我想当老师并不是因为喜欢教书，而是因为我觉得大学老师最自由。我后来离开大学，不再教书，也是因为想要得到更多的自由。一直到今天，对我来说，最重要的还是个人的自由，自由就意味着你可以最大限度地自己支配自己的生活，不需要去做别人强迫你做的事情。

马国川：包括自由的思考。

梁治平：当然。对我来说，自由思考是自由的生活方式的一部分，尽管并不是享有自由无拘束的生活的人必定能够自由思考。因为有些人虽然对自己的生活有很大的支配力，但却不能、也不会自由思考，而另一些人在极其艰难困窘的境况下依然能够自由地思考。自由思考是一种能力，也是一种价值，需要学习、培养和保护。在我的个人经验里，自由思考和独立意识有关，也和一定程度的叛逆性格有关。这两样东西在我的少年生活中都有，而大学则给了我一个通过学习有意识地塑造自己的机会。

马国川：你为什么要考人民大学的研究生呢？

梁治平：没有特殊理由。因为我决定报考的是外国法制史专业，而这个专业当时只有中国人民大学、吉林大学还有好像华东政法学院等几所大学招。那年北大就只有中国法制史，不招外国法制史专业。我选人民大学，另一个原因可能是我们用的教材是人民大学 1950 年代编的。这很自然给我一种印象，觉得自己最适合报考人民大学。总之，选择北京，选择中国人民大学，对我来说，好像是一个很自然的事情。不过到北京以后，我发现我也确实更喜欢这里。我原本就不太喜欢重庆的气候，也不满意那里的交通。到北京的时候正好是秋天，天很高很蓝，空气干爽，时近国庆，街上摆了很多鲜花。我骑着自行车到各处去，感觉自由而愉快。

马国川：北京是六朝古都，毕竟和重庆不同。

梁治平：这一点倒没有想过。两地的差别，最大的不同是文化上的。北京毕竟是文化中心，博物馆多，文化活动多，常有绘画、摄影和艺术展览，大学里讲座也很多，给人更多文化上滋养、熏陶的机会。还有一个好处是后来显现出来的：北京是个很大的舞台，人才荟萃，机会也多，我后来开始更多接触恢复中的学术界、知识界的时候，对这一点感触尤深。

还有，北京的出版机构多，书店更多，可以比较容易地买到许多书。不像在重庆，不能骑自行车，进城一次都挺难的。还有一个就是在西南政法学院是念本科，虽然可以逃一些课，但是课程毕竟还是比较多，而在当时的人大读研究生，三年只有大概六门课程，修完这些课，时间都是自己的。时间上、空间上自由度都增加了很多，有如鱼得水的感觉。

马国川：你的视野也开阔了。

梁治平：是的，世界变大了，也更丰富有趣了。这与中国社会的变化是同步的，也是我到北京之前很难想象的。

马国川：你和北京知识界发生联系是在研究生期间？

梁治平：应该是在研究生毕业以后。应该说，我们这一代人是幸运的，我们是与所谓知识界、学术界的恢复和成长一道成长起来的。我第一次发表文章，也是在《读书》上发表第一篇文章，是在 1985 年。那是一篇很小的文章，内容是关于清代学术的。

马国川：在此之前你看《读书》吗？

梁治平：经常看。在重庆读书的时候，在一个老知识分子家里看到过《读书》，但没有特别注意。到北京以后才对《读书》有更多了解，以后差不多每期都读。写了那篇关于清代学术的文章后，我就寄给了《读书》。不久就收到《读书》编辑部的通知，告诉我文章被采用了，即将发表在哪期上。你可以想象我当时有多么兴奋。对一个基本没有发表经验的年轻学子来说，自己的文章被采用当然值得高兴，况且文章是发表在自己很喜欢也很看重的刊物上面。

马国川：作为一个青年知识分子了，在你眼里那时的《读书》是一个什么样的刊物呢？

梁治平：《读书》是一份有品位的知识分子的刊物，有学术品格，也有思想，可以说是青年学子精神上的滋养。我在大学期间能读到的好书不多，当时就没有多少好书，教材也一样，甚至可学的法律都很少，因为整个国家的法律都很简陋。大概是1979年，《法学研究》复刊，我立即订了一年，但是对它的内容很失望，以后不再订了，甚至看都不看了。《读书》不是这样，它不但是知识性的，有文化底蕴，更重要的是它是开放性的，有一种蓬勃向上的生气。在《读书》发表文章给我打开了一个新天地。1986、1987两年我在《读书》发表了一系列文章，也因此认识了不少知识界的朋友。

马国川：《读书》在1984年7月号上宣布，每个月的25日举办"《读书》服务日"，"由有关出版社提供最近出版新书样本，定期组织各方面的同志阅览、议论"。其实，就是"读书沙龙"，但是在那个乍暖还寒的年代，人们还不敢将之命名为"读书沙龙"。

梁治平：“读者服务日”活动每月在朝外小街三联书店举办，那是一个学者聚会交流的场所，去的多是《读书》的作者和读者，有的是常客，有的是新带去的人。说是“活动”，其实没有什么活动。大约上午九点开始，陆陆续续有人来。一间空的会议室，陈列了一些三联的书，可以翻阅，也可以买。房间里没什么陈设，有些桌椅，大家可以在那儿坐着喝喝茶，聊聊天，会会朋友。很多人先通过文章互相认识，之后才见面。我在“读书服务日”上认识了一些朋友，包括人民大学的，我们在学校不认识，反而在《读书》服务日上认识了，比如翻译萨特的《存在与虚无》的陈宣良，他当时正在人大哲学系读博士学位。还有其他很多人，比如中国社科院哲学所的赵越胜。那时几乎没有私人电话，朋友们联系，除了见面，经常靠通信，有时候看到一篇好文章，尤其是朋友的好文章，就会彼此写信交流。那时人与人的关系，还有人际之间的沟通方式和现在很不一样。

马国川：完全不一样，今天朋友之间很少会写信交流，虽然有了电话，但是也很少交流读书心得。

梁治平：是的。那时我住在人民大学的筒子楼里，朋友们也都是不速之客，来之前都不打招呼，因为没有电话。也常有不认识的人来敲门，来拜访你。

马国川：都是些什么人呢？

梁治平：什么人都有，报社记者，杂志编辑，民间人士，到北京来寻找机会的青年（现在叫“北漂”），还有慕名而来的各种各样的人（按现在的说法应该是“粉丝”吧）。很多年以后，可能在什么地方碰到一个人说，当年我到你在人大的筒子楼里找过你。真让人有隔世之感。

马国川：直接敲你的门？

梁治平：对，直接敲门。

马国川：你也不觉得特别唐突？

梁治平：没有。因为通常没有更好的联系办法，大家都这样。而且来的人虽然各式各样，但是大部分人都是很真诚的。有的来约稿，有的来谈学论道，当然也有的就是来聊天，聊完就到食堂吃饭。

马国川：今天人们的关注点和当年完全不一样了。

梁治平：现在生活状态完全不同了，生活状态不同使得人际关系、人际互动方式都不一样了。1998 年以后，我出国了两三年，回来后发现国内发生了很大的变化。发展到今天，和 1998 年我走以前的情形差别就更大了。

马国川：当时还是票证时代呢。

梁治平：至少一直到 80 年代末都还实行票证制度。那时物价很低，当然工资也很低，物质更是相当贫乏。我结婚的时候做了一个一面墙的书柜，摆满了书，很让人羡慕，好像也就几百块钱。那时冰箱是奢侈品，我甚至觉得这辈子也不会有冰箱。生活在那个时代的人肯定和现在的人不一样。

与时代的主题不期而遇

马国川：1985 年你研究生毕业，留校工作。这时你刚进学术圈子，哪些人对你影响比较大？

梁治平：在我的经验里，好像没有什么人对我有特别明显的影响。这也许和个性有关，我不喜欢凑热闹，赶时髦，也没有崇拜过什么人。在大学的后两年，有些知名学者和人士被请到我们学校去做报告或演讲。当时听者如云，我很少去，即使去了，也是抱着很理性的态度。比如说当时有一个叫李燕杰的人，到处讲道德情操问题，也被请来学校讲演。那次我没有去，后来他又跟学生座谈，规模较小，我和另一个同学也有意去参加讨论。但是走到会议室门口，座谈会已经开始，大概人也很多，我们在门外面听他解答同学提出的问题，觉得很不满意，就走了。当时读过的书，印象深刻的多是译著，比如穆勒的《论自由》，费希特的《论学者的使命》。中国学者的著述，读的不多，感觉好的更少，以至于不知道从什么时候开始，竟然形成一种印象，就是觉得中国没有什么人称得上是学者。这当然是因为我的孤陋寡闻，当时能够接触到的书太少，也是客观的原因。第一次让我印象改观的是李泽厚。我在书店里看到他写的《批判哲学的批判》，觉得和我看到的其他中国学者写的书很不同，就买回去读。当时我根本不知道李泽厚是谁，他那时也不像后来那样有名，我对他个人的了解完全来自于那本书的前言。根据那里的交代，如果我记得不错的话，他是在下放到“五七干校”期间苦读康德，以后便有了这本书。而且写这本书的时候，他也就四十多岁吧。总之，李泽厚给了我很深的印象，我甚至觉得，他是在我所知道的这一代学人当中第一个真正称得上是学者的人。后来到了北京，又读了李泽厚的另一些书，比如为他赢得很大学术声誉的《中国古代思想史论》，印象反不如当年的深刻，读让他名声大噪的《美的历程》也是如此。

读研究生的时候，能读到许多老一辈学人的书，比如钱钟书、宗白华、冯友兰、侯外庐、瞿同祖，甚至胡适。对中国学者和中国学术的印象自然大为改观。中年学者里面，胡如雷的名字也一直留在我的记忆里。他写的《中国封建社会史论》是一本不错的书，我认为这本书的主要问题，是作者还是为所谓马克思主义史观所束缚，无法对历史做出更合理、精彩的解释和论述。

那段时间读的书里有两本不能不提，因为它们都对我有很大的帮助，甚至可以说有某种影响。一本是黄仁宇的《万历十五年》，那也是黄仁宇在大陆出版的第一本书，读那本书时大概是 1984、1985 年，当时知道这本书的人很少。黄仁宇的写作风格给我耳目一新之感，我很欣赏他对历史的把握和他叙述历史的方式。我的第一本专著《寻求自然秩序中的和谐：中国传统法律文化研究》里就可以看到他的影响。另一本书是张光直的《中国青铜器时代》。此前，我从来不看考古学的东西，我的印象里考古著作都很枯燥，我也不知道张光直何许人也。记得我是在三联书店的读者服务部看到这本书，取下来翻一翻，觉得内容挺有意思，完全不是通常看到的那种枯燥乏味的考古学著作，所以当下就买了一本。张先生对中国早期文明的研究给我很大的启发，1985、1986 年我在写《“法”辨》的时候，就引用了他的一些重要观点。我因此注意到张先生，后来他的其他著作在国内陆续出版，我也都买来读。1988 年我第一次去美国的时候，我有机会去他在哈佛的办公室拜访他。当时，《寻求自然秩序中的和谐：中国传统法律文化研究》一书已经交到出版社，但还没有正式出版，所以我就带了一部分复印的手稿送给张光直先生。我这样做只是想表示我一个后学和受惠者对他感谢和尊敬。对于黄仁宇，我也有同样的情感，也曾想向他当面表示我的感谢和敬意，但是没有机会见到他。

马国川：你提到的《“法”辨》是一篇很重要的文章，发表在《中国社会科学》1986 年第 4 期上。此时“文化热”已经在悄然兴起。

梁治平：我那时的思考也受到“文化热”的影响。“文化热”的主流是对传统文化的批判，我写《“法”辨》也是着眼于对传统的批判，不过，我不赞同那种“大批判”式的批判，那种批判只注重最后的结论，只看文章的立场，根据这些来判定一篇文章的价值。我更注重说理和论证，我觉得对于批判对象也得讲究公平，要先了解它到底是什么，了解清楚了再批评。不能人云亦云，也不能故作惊人之语，更不能有意无意地曲解批评对象，把自己的看法强加于彼，或者为了证明自己的观点，抓住一点，不及其余。我相信只有理解批评对象的批评，才可能是公平的、有价值的批评。

马国川：要对批评对象抱有同情的理解。

梁治平：对。同情的理解不是说要放弃批判立场，而是要求把批评对象置于恰当的语境中来认识，要做到这一点，需要先放弃可能已经有的成见，避免那种外在的强加于研究对象的僵硬做法。这就要求对研究对象有适度的尊重，要求理解研究对象。这些都要求研究者是理性的，而讲求理性正是学术之为学术的一个重要特征。我一向反对把非理性的态度掺杂进学术研究。无论在个性上还是信念上，我对独断、革命式的、特别激烈的，或者说不大讲道理的东西都不能接受，我能接受的是说理的、比较平和的、理性的东西。

马国川：《“法”辩》，也包括此前你在《读书》上发表的系列文章，谈的都是文化，或者说，是在文化观照下的法律。

梁治平：“文化”或者“法律文化”是我的研究对象，因为我需要一项原则做理论的支点，于是就把“法律文化”做了自己研究的对象。更确切地说，我不是在研究“法律文化学”，而是研究法律文化中的个案，研究可以归在这个大题目下面的种种具体问题。这是我的兴趣所在。

马国川：尽管你和以批判为主线的“文化热”有区别，但是你对文化的热情，恰恰与时代的主题有了某种契合，或者说，你与时代主题不期而遇，你提出的法律文化当时也是文化的一部分。这应该是你的文章引起广泛关注的一个重要原因吧。

梁治平：当初我对自己在法学院里接受的教育并不满意，对当时的法律研究或者所谓法学也没有多大兴趣，再加上我从来不大喜欢枯燥的法条，所以很早就偏离开了正统的“法律”“法学”。我读书不限于法律，但是因为学的是“法律”专业，想的问题还是多半与法律有关。所以后来走上所谓法律文化研究这条路，可以说是一个很自然的过程。当然，这种出于个人知识积累、兴趣、爱好和思考的选择遇到当时的“文化热”会产生一种正面的相互作用：一方面，“文化热”会对我的思考和选择发生正面的激励作用，另一方面，我的这样一种非正统的法律研究也因为当时的“文化热”而更容易被读者接受。

马国川：在一两年时间里，你在《读书》上连续发表了一二十篇文章，开始被别人关注。你的文章让读者耳目一新。他们发现，法律文章还可以这样写，法律还可以这样来理解，而且不同学科的人，包括原来对法律不懂的人也可以读懂。你好像成了法学界的一个代言人，代表了对学术、对法律的新理解。

梁治平：这是一种值得思考的现象。我那几年在

《读书》发表的文章，的确吸引了很多人的注意。没有法律背景的人喜欢，因为这里讲的法律跟他们在其他地方看到或者他们印象中的大不一样，是他们能够理解的并且觉得很重要的。一些读者觉得我是留过学的，而且有多年留学的背景，有人甚至认为我是七十岁的人。这可能跟文字有关系，也和我的研究方法有关系。至于学法律的人，他们看了也觉得很新鲜，因为文章的写法、文字、思路、风格都与他们习见的不同，让他们对法律研究或者法学有了一个新的认识。后来碰到一些当年留校的同学，他们说他们曾经很兴奋地传看和讨论这些文章。还有一些学法律的学生，他们对我说他们的法律启蒙是从读这些文章开始的。这些也许从反面说明了，当时和后来相当一段时期（在很大程度上也是现在），我们的法律教育是如何失败。这也说明，重要的恐怕并不是研究什么问题，而是如何研究。

在《文化：中国与世界》编委会

马国川：你后来参加了《文化：中国与世界》编委会，这个过程是怎么样的？

梁治平：1986年，《“法”辨》在《中国社会科学》发表。那之后不久的一天，我进城办事，随身带了几份抽样本，路过赵越胜家，我进去找他，他不在，我就留下一本给他。我还记得那天雨下得很大。过了几天，我收到他一封信，他在信里对那篇文章大加赞赏。后来他就带我去见甘阳，甘阳当即就邀请我参加他主持的这个编委会，分手的时候还送我一本他译的卡西尔的《人论》。那以后我就开始参与《文化：中国与世界》编委会工作。

马国川： 就这么简单？

梁治平： 是，就这么简单。那应该是在 1987 年。

马国川： 当时《文化：中国与世界》编委会主要有些什么活动？

梁治平： 当时活动其实比较单纯，我去的时候基本格局已经有了，工作也做了很多。编委会的主要工作是编、写丛书。丛书有四个系列，两套翻译丛书：小开本的《新知文库》和大开本的《学术文库》，一个以书代刊的出版物，就叫《文化：中国与世界》，还有一套学术研究著作，第一批作者主要出自编委。比如有苏国勋的韦伯研究、刘小枫的《拯救与逍遥》、陈平原的中国小说研究，还有我的《寻求自然秩序中的和谐：中国传统法律文化研究》。著作系列的出版最不顺利，1988 年书稿就交给了出版社，1989 年政治事件一出，编委会自然解体，那批书稿压在出版社，几经交涉，直到 1992 年才出来。

马国川： 你在编委会里面主要做什么？

梁治平： 除了参与商量一些事情之外，我也承担一点跟专业有关的工作，比如校对过一本法哲学方面的译稿，我自己也译过一本书，H. J. 伯尔曼的《法律与宗教》。这本书后来的影响很大。“法律必须被信仰，否则就形同虚设”这句直到今天还很流行的话就出自该书。当然，我也为研究系列写了一本书。

除了编书，编委会还办过一些学术性质的讲习班。讲员基本由编委会成员担任，学员来自全国各地。这些都是正式的活动。非正式的活动有沙龙式聚会，不过沙龙和编委会并不完全是同一批人，只有部分重合。沙龙不是编委会的正式活动，人员也不确定。

马国川：丛书的编委当时比较关心的是什么问题？大家谈的是什么？

梁治平：开会讨论的大都是与编书有关的比较技术性的问题，比如选题、推荐作者和译者，讨论和出版社的合作，还有工作分工，比如谁负责什么书，谁去联络什么人等等。饭桌上的闲谈可能涉及政治、时局、人物、事件，但很少就什么特别的主题进行研讨。在沙龙里大家谈诗，谈哲学和艺术、说笑、唱歌，更不涉及政治。

马国川：你们这个圈子在学术价值判断跟取向上也是不一样的？

梁治平：当然大家想法不会都是一样的，不过那些差异也不像现在那么大，而且性质不同。关键是，那时大家关心的事情和想法本身都和现在的不一样，而且编委会是一个功能团体，大家因为要做事而聚在一起，思想本身的冲突并不突出，也不是注意和讨论的对象。至少在我进入编委会的时候这些问题并不很明显。后来是有些严重的分歧，但那主要是因为做事的方式不同，还不是思想上的冲突。

马国川：当时文化界一些人士政治取向更明显，有些人直接或间接参与了政治活动。

梁治平：我们这里基本上没有，因为这里边的人比较单一，全是大学和社科院的，而且都是学术型的。当时确实也有一些政治上比较活跃的人，比如政治学所的一些人，我也参加过他们的一些会。

马国川：你们不谈改革？当时改革是那个时代的主流啊。

梁治平：当时是有一些人热衷于谈论改革问题，不过我的印象里，《文化：中国与世界》编委会很少谈这类问题，而且我们也并不是经常开会的，有事才聚一聚。当然，也可能是因为我对政治性论题关心程度不高，记不住这类事，而且也比较迟钝。

马国川：你对政治不很敏感。

梁治平：应该说很不敏感，也不特别在意。我一直认为政治问题是一个表层的问题，中国的根本问题是文化重建问题。

马国川：到现在还是这样子？

梁治平：现在稍有调整，我现在对政治问题关心比以前要多一点，但也还不是上面讲的那个意义上的关心。政治总在反复，但历史大的方向是看得到的。

马国川：为什么重视文化重建？

梁治平：我一直有这样一个判断：放在一个长时段里

观察，文化重建才是中国要解决的根本性问题。传统中国有一个完整的文化形态，18 世纪以后面临一系列新的挑战，开始解体和转型，我们至今仍然处于这种转型的历史阶段，改朝换代、政权更迭都没有改变这个基本事实。转型的目标是要建立新的文化、新的文明系统，其中最核心的是精神价值，而不简单是一个政治、经济问题。

马国川：在这个意义上，政治仅仅是表面的。

梁治平：是的。

马国川：但你说你的想法有变化。

梁治平：那是因为觉得相对于历史的尺度，个体生命太过短暂，社会上有无数像孙志刚、李丽娟这样的人，他们等不了。所以我现在关注现实多一点。

马国川：但是基本判断还是没变。

梁治平：没有。我始终认为，中国近代以来受到最大冲击的是文化秩序，是文明。这是涉及中华民族、中国文化能否存在和延续下去的基本问题。今天中国人的处境其实很可怜，就连"我们到底是谁"这个基本的认同问题都没有解决。

马国川：而且好像变得越来越迷茫。

梁治平：支离破碎了，在这种情况下这个民族是无以立足这个世界的。

马国川：1988 年 9 月到 1989 年 4 月你到美国做访问学者期间，这是第一次出国吧，对你的思想有没有冲击？

梁治平：新鲜感是有的，但没有那种令人震撼的经验。有些人谈他们第一次到美国的经验，有所谓 cultural shock。我却没有这样的感受。不过从美国回来以后还是写了一本小书，书名是《观察者》，记录了一些在美国的见闻和感受。

“80 年代大家都往前看，现在大家都互相看”

马国川：现在再回想 80 年代，你感觉这十年间你处于一种什么样的状态？

梁治平：1985 年以前，我都是在读书，读书是一种很充实、很快乐、也很健康的状态。1985 年到 1988 年三年之间，我好像是在一种创作亢奋期。在教学之外，我写了很多文章，翻译了一本书，写了一本书，参加《文化：中国与世界》编委会工作，另外还参加一些学术会议、社会活动。那几年做的事情很多，体力透支也很严重，不过精神上相当充实。

马国川：那时都思考了一些什么问题？

梁治平：那时我的注意力基本上被几种事情占满了：研究、写作、教书，学术活动。当时对国家政治、经济改革的具体问题思考不多，对社会问题的讨论也少，部分是因为那个时候资讯不发达，报纸也就是那几份，更重要的是，那时很少有所谓公共议题，不像现在有各种各样的事件会成为公共话题，引起公众的讨论。总之，那时整个社会的精神状态和生活的状态和现在不一样。如果说我那个时候对中国文化、中国社会、中国的命运有什么思考，那更多的是历史的和文化性的思考。

马国川：更多的是形而上的东西。

梁治平：也不一定是形而上的，只是谈的问题比较大吧。其中有些涉及社会变迁，有些是关于观念的，也有些是关于制度的。比如1987年在《读书》发表的文章《法·法律·法治》是比较早谈法治问题的。那里讲现代法治的精神源流对法、法律、法治这几个概念做了一些辨析，比如法是什么，法不等于法律，法制和法治不一样，法比法律更高，等等。这对中国很重要。另外一篇文章谈梅因"从身份到契约"的命题，也与中国社会的转型息息相关。这些问题实际上都涉及中国现代性的问题。

中国社会在现代化过程中面临制度上的取向，这些制度上的取向因为有一个西方的法律背景，可以得到一个参照的坐标，因为中国早期现代化很大程度上就是西方化，主要表现为对西方制度和理念的移植，这种情形一直延续到今天。这种移植即使不是简单地照抄西方的观念和制度，但是那些理念、制度、精神，是我们转型过程中的主要参照，有时甚至是目标。那些文章讨论和辨析一些中西法律的异同，从法律文化的角度，看哪些是共同点，哪些是不同点，中国现在面临什么样的问题等等，这些问题既是历史的、理论的、比较的，也是非常现实的。

马国川：你当时写的文章和文化热有很深的联系，80年代文化热给你提供了一个很好的互动，你的活动也是文化热的一部分，实际上你是不自觉地发挥了启蒙的作用。

梁治平：从外面看，也可以说我的研究也是当时整个知识界文化热的一部分。文化热持续到 1989 年，之后政治上收紧，知识界一片沉寂。到了 1992 年以后再开放，主题是经济，于是开始出现下海潮。时代主题转变了，文化热也就慢慢淡化了。

马国川：有人说，80 年代在某些方面大有“一切推倒重来，重估一切价值”的架势，80 年代的启蒙就像五四的翻版，那种激烈，是不是这样的？

梁治平：可能有些东西是这样。不过，我们只是通过一些文献了解“五四”，而且我不是这方面的专家，对这段历史了解有限，更没有直接的经验，所以我不会用 80 年代去比较“五四”。我只能说 80 年代是什么状况，毕竟那是我们曾经经历的过程。

80 年代确实有“一切推倒重来，重估一切价值”之势。之所以有这种问题，就是思想简单化，接受新中国教育的这一代人其实都是黑白两分法，很简单化，而且这一代人学术根基很浅，对经典和传统文化很多基本东西都不熟悉。整个社会在文化断裂以后没有积累，非常贫乏，又适值开放，在这种情况下，有那种激烈的态度也是可以理解的。但是那里面有一些好的东西，像我在大学里所感受到的，那种很有生气、比较质朴的精神，我觉得在任何时代、任何文化里，这种精神都是有价值的。

马国川：这种精神是不是社会理想？

梁治平：不一定是社会理想本身，但是带有理想色彩，至少是没有被严重污染，也没有掺杂太多复杂的东西。现在社会复杂程度提高很多。相对于这个时代来说，那时国家百废俱兴，人的思想还是比较单纯的，人的生存状态，人与人的关系都和现在不一样。人们对未来的预期也比较简单，觉得国家、社会是有前途的，有一个开放、光明的未来。不像现在，各种关系错综复杂，好像很难有一个比较简单明了的局面让你看得清楚，那个时候相对比较简单。

马国川：大家都是这个社会进步的受益者，都是改革的受益者。

梁治平：都在起跑线上，也没有意识到未来的问题、风险、困难。80 年代的社会矛盾远没有现在社会矛盾大，也许可以说，80 年代大家都往前看，现在大家都互相看。

马国川：这个表述特别好。当时都向前看，谁也不往左右看，现在是互相看，互相攀比。而且对于未来也没有非常乐观的预期。

梁治平：在经过三十年的改革之后，出现了一种复杂的利益格局。这种利益格局的形成并不是公平竞争的结果，目前的这种局面本身也不能说体现了公平的原则。虽然大多数人的境况或多或少地改善了，但还是有很多人被相对剥夺，有些人甚至被绝对地剥夺，这些人越来越边缘化，对未来不抱希望。这些都造成了社会的不安定感。另外，由于既得利益集团势力日益强大，要推动进一步的改革也困难重重。因为看到了改革的复杂性和艰难性，人们就不再有那种简单的乐观主义了。

“中国的改革有重大的缺失，就是理性不足”

马国川：虽然你的写作是文化热的一部分，但是你的写作取向和80年代的很多文章不同。

梁治平：在你看来有什么不同？

马国川：当时有人很激烈，行文宏大，仍然是一种革命性的高扬奋进，改革嘛，那种感觉。叙事方式非常宏大。报告文学是非常典型的表现，《西部大移民》《世界大串联》，带“大”字特别多，是雄视千古的气概。你和它们不一样。

梁治平：如我前面讲到的，80年代文化热的基调是批判。批判没有什么不好，但当时很多批判如果不是盲目和粗暴的，至少也是简单化的。不求理解，甚至也不需要太多说理，要紧的是立场。这种批判不可能是曲折的和细微的。当然，喜好宏大也有其他方面的原因，你提到的事例也许不是我说的那种大批判类型。

马国川：今天有些人批判80年代关注一些过于宏大的话题，实际上这也是当时的条件决定的。

梁治平：是的。比如我现在写文章，会利用个案讨论一些重要的法律原则、制度和精神。现在法律日益进入到人们的日常生活中去，于是会有很多诉讼，很多和法律有关的故事，现在也有更多也更自由的媒介为公众提供参与、表达的空间，这样它们就可能成为一些公共话题。这在以前是很困难的，所以当年讨论的问题往往都比较大。例如我写的《死亡与再生》，那是为我翻译的伯尔曼的《法律与宗教》写的代译序。那篇文章讲文明问题。世界上许多文明都曾经经历过特殊历史关头，那是一种特殊的经验，文明面临死亡，经受煎熬，然后再生。吉田茂写《激荡的百年史》，写日本人民经历现代转型的煎熬，那种死而复生的经验，就是这样。我在那篇文章里也拿中国跟日本做比较。我的看法是比较悲观的，中国好像缺少一种死而后生的决绝精神，老是不死不活。

马国川：包括《死亡与再生》这个文章名字也具有80年代明显的特点。当时作为法律人来说，你对中国未来法律的追求或者渴望，应该非常明显的。中国将来肯定要搞法治，这点是非常明确吧？

梁治平：对。

马国川：今天无非是更坚定了。

梁治平：应该说是更复杂。那个时候的想法和表述，相对现在会比较简单化。那时候中国的情况比现在简单一些，我当时看世界也比现在简单一些。其实制度的移植过程、历史发展、社会的演进是非常复杂的过程，现代性也可以有不止一种表现形式。就比如说法治。法治到底是什么意思？本来就有不同的法治理论，放在不同的历史、文化、社会、政治和经济背景下，法治的含义可能更加复杂。中国应该有法治，但是法治是什么样的，比如说立法、行政权、司法权、自由裁量、监管、合法性、法律意识，还有政党、政治、传媒、民间社会的作用，所有这些都涉及法治的不同环节或者因素，涉及很多制度的层面、实践的层面，这些东西怎么样组合？法治有它基本的功效，肯定不能是专制，单在满足这个基本功效的情况下，不同的组合可能产生不一样的法治。有人认为美国的法律很好，但你能把美国法律搬过来吗？搬不过来。美国的法律是和它的政治传统、文化传统、法律传统和社会条件相配合的。中国有自己的历史条件、社会文化、制度资源，那应该如何构想和建设中国的法治？我觉得这些问题当年我们考虑得非常少，今天考虑的仍然不够。

要深入思考这些问题，需要一个良好的精神氛围，这种精神应该是理性的。我认为，中国社会改革的一个重大缺失，就是公共理性不足。直到今天，社会公共理性的程度依然很不够，根据这一点来评价，中国社会的成长非常缓慢。在现代社会里，纠纷、摩擦、利益冲突会经常发生，这就需要沟通，需要各方充分表达意见，最后通过说理和谈判来谋求一致或者达成妥协。但我们看到的是，生活里有太多的暴力，人们对暴力已经习以为常，麻木不仁了。这都是公共理性欠缺的结果。产生这种情况的原因固然很多，也很复杂，其中制度性的原因尤其不应被忽略。网络语言暴力也很令人忧虑，本来，网络上有很多公共议题，而公共议题最需要理性的支持。遗憾的是，中国网络公共空间的发展一开始就充斥各种非理性甚至暴力因素。我觉得，那不仅是因为权力设置了太多的禁区，堵塞了媒体正常的言论渠道，所以网民一股脑涌到网上发泄，更是因为这种制度安排极大地限制了理性成长的空间，在这样的制度约束下，很多人没有学会讲道理，没有习惯讲道理，没有认识到讲道理是一种美德，讲道理是文明。这些事例都表明，一个不好的权力结构和制度安排对整个社会有巨大影响，而且这种影响是极其恶劣的。

马国川：作为一个从 80 年代走过来的人，你怎么来看今天的社会，改革出现今天的结果？

梁治平：中国走到今天这步是由很多条件促成的。如果以为简单地照搬一些东西过来就可以，这种想法过于简单，一个人口巨大的幅员辽阔的国家，有自己的传统，还有教育程度、经济资源状况等社会现状，以及固有的错综复杂的社会组织、政治力量，这么大的一个社会向前走，不是任何个人可以决定它的方向的。幸运的是，大的方向还是在轨道上，中国并没有脱出轨道。不管怎么样都要经历一些问题，这也预示着将来中国的发展还要经历很多困难，要有心理准备，甚至在构想未来的时候，应该有更复杂的思想。

马国川：宁肯用更悲观的一种。

梁治平：也不是说更悲观，而是更求现实，同时也更具想象力。实际上，我们对社会的生长机理了解甚少。制度的运作和相互作用是一个很复杂的过程，不是要解决社会问题，没有什么灵丹妙药，也没有一劳永逸的办法，更没有现成的模式。有些人动不动就是“普世价值”“主流文明”，言必称“外国”，另一些人最喜欢讲“国情”，一天到晚把“中国特色”挂在嘴边。这两种人各有其批判对象，可惜他们的批判精神都不彻底，不彻底的地方就是他们各自的盲区。我的一个朋友把他们叫作“凡是派”，我大体同意。虽然程度不同，他们都有思想狭隘僵化的毛病。

我觉得对知识分子来说，重要的不只是批判，还要反思。批判是反思的一个结果，反思本身就是一种批判，一种更深入的批判。对各种不同的观点，不同的主张，包括自己的立场和主张都要反思，这才是真正的知识分子。世界是复杂的，而思想是简单的，所以反思越深刻，越充分，你的立场就可能越公正，越具有包容性，包容性越大，意味着对世界的丰富性容纳得更多，未来的发展可能性也更多。

没有理想的社会，是令人窒息、没有前途的社会

马国川： 在今天你怎么来评价活跃在80年代舞台上的这一群知识分子？

梁治平： 80年代文化热也好，其他类型的学术活动也好，确实是有一种启蒙的特点。启蒙很大程度上是通过

引进西方的学说和思想来传播知识，这些知识的引进和传播，包括人们在这个过程中所做的思考，满足了刚走出几十年的封闭状态之后的社会对外面知识的渴求。当时翻译的很晦涩的大部头哲学著作都可以卖好几万册，这在今天难以想象。

另外一方面，当时这些年轻知识分子之所以能够成就一番事业，也是因为当时的大学体制没有把人拴住，也还没有把人的精神和意志消磨掉。现在大学里的学者不可能再做当年的事情。当然也是因为当年活跃的知识分子早已经功成名就，而且都已经步入中年，各自都有自己的事业。但是更重要的是，现在大学体制改变了。现在译书也还很多，甚至比过去更多，但是性质已经跟以前大不一样了。学科之间壁垒越来越清，而且很多工作跟学校的考核连在一起，不能联系在一起的工作则其资源越来越枯竭。新的大学体制、教学、科研、考核和评估机制把人绑死了，让你既没有心思也没有可能，甚至没有愿望去做当年人们做的那些事情。

马国川：严重的体制化。

梁治平：课题、申报、考核、荣誉等等，更多的报酬，更高的消费，这是个一体化的过程，它把精英吸纳到组织里面，给你一块“骨头”，让你围着它转。那个时候不是这样的。

马国川：那会儿也没有骨头。

梁治平：对呀。这是个非常聪明的策略，必须给好处，有好处才可以控制人，才可以让人一切行动听指挥。光靠说教和命令不行，那时候大学老师会有很多不满，也会有很多时间和精力去干别的事情。当然那个时候这些人很年轻，精力旺盛，很希望能够成就一些事业。总之，那个时代这些人之所以能做些事，是好多原因撮合一起，现在这些条件已经不再有了，所以同样的事情，虽然都在译书，大家都没有把它看成同样的事情，不是一回事情了。

马国川：甚至现在非常不严肃的，干脆找学生译，他自己也不当回事。所以我现在采访很多人，感觉今天大学体制和80年代比起来是退步了，社会应该进步了，但是体制不是。大学也是它集中的一个表现，包括整个知识分子阶层也是，现在知识分子几乎都进入各种领域，是99%都已经进入各种体制里了。当然您属于边缘化的。

梁治平：对我来说，这样一步一步走过来也很自然，并没有刻意成分。比如，我从来没有申请过什么国家课题，从来没想过，总觉得这些东西跟我没什么关系，跟学术也没什么关系。

马国川：但是现在这种课题体制让很多人既得名又得利，有些课题几十万、几百万的。这种体制，别看是骨头，但是这些骨头消磨了多少人。

梁治平：我前两年在报纸上写过一篇小文章，题目是《何为学术腐败？》，引起了一些人的注意。我发现很多人讲学术腐败，都拿抄袭说事，好像抄袭就是学术腐败，他们要反学术腐败，搞什么联合呼吁，签名，起草宣言，动静很大，弄得教育部也要成立什么学风委员会。我觉得这些问题整个都弄错了。学者抄袭是个人学术道德问题，而不是腐败问题。什么叫腐败？利用权力谋私才叫腐败。一个人抄袭别人的文章，这是学术道德问题，学术纪律问题。如果被别人告发了，而这个人和校长关系很好，没受到任何处分，反而受到包庇，或者只是换个位置，甚至还高升，这是学术腐败。学校为了迎合检查公然造假，或者贿赂学术官僚以争夺重点学科一类资源，这些东西才是学术腐败。

马国川：当时你们丛书编委会完全是民间的，没有任何的官方的意志在里面活动。

梁治平：当时的大学、科研机构里面比较平静，大学外面则很活跃。所以当时有一种很强烈的感觉，学在民间，知识、智慧、力量都在民间。

马国川：在民间升发、生长。一些人很向往 80 年代，认为当时的知识分子胸怀天下，确确实实有很多关怀，今天则蝇营狗苟。

梁治平：前不久自杀的人民大学教授余虹曾有近于遗言的断语，大意是说，一个人要有尊严地活着太难了。他说得很对。这种情况当然不是从今天才开始，但是却有这个时代特有的平庸。不管怎么样，由于制度的改变，社会场景的改变，还有人的改变，80 年代那种群体恐怕不会再有了。今天有一些大谈切·格瓦拉的人。切·格瓦拉确实代表了一种理想，一种为受压迫者不懈抗争的努力，这种理想是全人类的精神遗产，弥足珍贵。但现在那些谈格瓦拉的人恐怕只是败坏了这样的理想。

马国川：把格瓦拉符号化、商品化了。

梁治平：商品化是一方面。一些谈切·格瓦拉的人自己就很世故，没什么理想，或者是因为世故而去利用理想，或者是因为从一种狭隘狂热立场出发去讲理想，这是让人很悲哀的事情。

马国川：但是这可能是一个两难的处境，如果这个社会都谈论理想，本身也不是正常的。

梁治平：不是大家都去谈理想，而是理想不坠，理想的火种应该传下来。一个人或者一群人可以没有理想，但这不等于说整个社会放弃理想就是正当的。一个社会的理想很可能永远也达不到，但它可以让社会不至于沉沦下去，不可挽救。

马国川：能够维持一个底线。

梁治平：在绝对意义上，理想主义是需要的，理想主义精神是不应该被磨灭的。这些东西在我们社会里是太缺乏了，在现今的人类社会里也太缺乏了。

答法学院同学十七问*

记者（以下简称“记”）：梁老师，很荣幸能有机会聆听您的法律人生，记录法学界的些许往事。首先能否请您谈谈您的早年生活及进入西南政法学院法律系学习的过程？在读大学之前，您已经工作了吗？

梁治平（以下简称“梁”）：是的，我已经在工厂工作三年。

记：那么听到恢复高考的消息您肯定很兴奋吧？

梁：当然感到高兴，因为人生多了一种选择。不过坦白讲，我当时没有意识到这件事对我个人有多重要，更不用说它的历史意义了。

记：您当时报考的专业就是法律吗？是在哪里参加高考的呢？

梁：湖北应城县的一个厂区。当时允许填报十所院校，重点和非重点各五所。西南政法学院是我在重点院校中填报的第三志愿，也是唯一的法律专业。

---

* 此篇书面采访完成于 2011 年，采访者为李明倩。原文收入拙著《法律何为》（广西师范大学出版社 2013 年版）。收入本书时有删节。

记：您对当时的法律系有什么感觉呢？

梁：不知道你指的具体是什么。我只能说，刚入大学的时候，觉得大学生活没有想象中那么有趣和浪漫，不过还是有新鲜感，而且对读书很有兴趣，也觉得很充实。有关我在大学的一些情况，如果想了解得更多，可以读我的学术自述：《在边缘处思考》。这篇文字收在我的同名文集里面，据说在网上也很容易找到。顺便说一句，这篇文字写在十二年前，现在回头来再读，竟有一点陌生感。这种陌生感，源自心态。现时的心态早已逸出“边缘”（当然更不在“中心”），看到“思考”二字，也觉得太过正经了。尽管如此，要了解十二年前的我，那篇自述还是可以一读。

记：在您四年大学学习中，您感觉印象最深的是哪位教师呢？

梁：如果要特别提出一个老师的话，那就是林向荣老师了。林老师人极正直，学问扎实，敬业，对学生好。林老师教我们外国法制史，这个科目，无论当时还是现在，都不算是重要的一类，但是因为他个人的缘故，这门课在同学中颇具吸引力。西南政法学院 78 级是复校后的第一届，在校素有狂傲名，但上林老师的课，大家都很认真，没有人敢造次。同学们敬服他，是因为他身上有一种浩然正气。林老师去世后，我读到几篇纪念他的文章，对他过去的经历和晚年生活多了一点了解，越发觉得，林老师的人格称得上大丈夫人格。过去五六十年，大学里这样的老师不多，现在就更是凤毛麟角了。

还有一些老师，比如外语专业的夏登峻老师，教中国法制史的张警教授，还有杨怀英老师、杨杜芳老师，他（她）们对学问的认真和严谨，对学生的关切和热情，也是我不能忘记的。

记：在您的同学当中，您最为敬重的是哪位同学呢？

梁：西南政法学院78级学生，至少在西政校史上是很特殊的一届。我有幸成为其中的一员，这段经历对我的成长有重要影响。不过在当时，这种影响更多生于无形，并非通过具体的人或事表现出来。你可能知道，我们这一届同学后来不乏发达者，有的居于高位，有的声名远播，先富起来的更不在少数。但我要在这里提到的这位同学，蒋庆，他不在那些人之列。

其实，蒋庆在学校时是风云人物，他讨论马克思异化理论和人道主义的文章，手抄贴在教室走廊墙壁上，大概所有同学都凝神伫立地拜读过。不过那时我也只是闻其名，识其面，却不知其人。我们之间的往来是在毕业若干年之后。开始是他邀我为他的《公羊学引论》作序，后来慢慢有些往来。不过总的来说，二十年里，我们不过保持一种若断若续的联系，但我自认对他有相当了解，也在许多场合为他辩诬。

蒋庆容易遭人误解，首先是因为其思想，更确切地说，是因为他的某些具体主张。许多人不能接受这些主张，进而推论其思想荒诞不经，其实他（她）们多半没有读过蒋庆之书，对其思想更无深入了解。更有一些人因其思想、观点而推断其人格，以为持这种观点的必是投机取巧、哗众取宠乃至心术不正之人，这就差得更远了。世人不但惯于以貌取人，且喜因言废人，这可算典型的一例。

蒋庆的思想确实很富争议性，但我必须说，他的思想不但很严肃，而且富于创造性。他面对整个现代性的挑战，力图持守传统，承上启下，变通而不失文化本我，这种取径和立场，可以横渠四句（“为天地立心，为生民立命，为往圣继绝学，为万世开太平”）来比况。这几乎是不可能的事业，非有知其不可而为之的勇气和坚韧不可。而蒋庆其人，可说是当代的儒者，能持守，有度量，讲学修德，不求闻达；其言其行，不为当政者所喜，不为学界所重，亦难以为社会所理解，而他不改初衷，持道如一。我以为，这才是我们这班同学中的佼佼者。

记：您现在所从事的专业研究是从什么时候开始的？

梁：你认为我现在从事的“专业”是什么？法制史？法社会学？法理学？比较法？有人曾经把我同这些或者另一些“专业”联系在一起，但我不习惯也不需要这样给自己归类。我不在法学院，不属于什么教研室，也无需开设课程，而且从未申报过什么项目、课题之类的，不管是什么级别的。此外，自 1985 年研究生毕业之后，我没有加入任何一个法学方面的学会，也没有参加过它们的年会。我的生活里面，基本上没有也不需要“专业”这个概念。

当然，如果根据我过去的研究涉及的主要领域，说我的研究主要是在法律史方面，大致是不错的。这可能也符合域外一些学者对我的印象。比如，前两年我被邀请为Encyclopedia of Modern China撰写辞条，给我的第一个辞条是Customary Law, 1800-1949。只是，如果因此就说我的“专业”是中国法制史，在国内语境里恐怕有点似是而非。

记：能否请您谈谈您的基本学术观点呢？

梁：这个问题不好回答。原因之一还是如何确定所谓专业。此外，这类自我表述很容易把问题简化，遮盖前后不一致和矛盾之处。我想，了解一个人观点的最好办法，还是直接阅读作者的著述。因为，直接阅读的经验最富教益，而且是不可替代的。

当然，作者自述也有参考价值。我曾在其他地方对我倡行的法律文化研究做了一点总结，我就把那里说的话略作修改放在下面供读者参考。

> 我不满于现代法律史叙述模式中的普遍主义和科学主义倾向，拒绝套用流行的历史分期和法律分类去撰写历史，更反对对历史做教条式的裁断。在我看来，人类历史的发展并非只有一种模式，因此，套用任何一种普适性模式都可能造成对历史的严重扭曲和误解。文化概念的引入有助于超越流行的普遍主义。

法律是特定社会与文化的一部分；文化具有不同类型，相应地，法律也可以被区分为不同类型，具有不同的精神和性格。

《寻求自然秩序中的和谐：中国传统法律文化研究》一书注重人类社会的早期经验，认为它们对于文化类型的形成有极深刻的影响，因此，它从“三代”而不是先秦入手去追溯中国法律传统的源头。此书的另一个特点是注重并且善于利用固有语词和概念的细微含义，以之为进入历史情境的重要通道。藉着对古、今概念和范畴含义的辨析，我试图揭示中国传统法律的类型特征，而在我看来，这种特征无法在制度和行为的表面看到，而须在它们后面的“根据”中求得。这所谓根据便是意义。

强调“意义”，意味着更多采取“当事人”的立场和视角，因为意义出自行动者本身。然而，最终被表达出来并且被写入历史的“意义”常常是出于局外的观察者。这时，观察者的适当任务便是尽可能地融入历史情境，通过“同情的理解”去了解历史。换言之，理解和解释而非发现规律才是历史家的任务。我对于历史的兴趣，是从对当下问题的思考中发展起来的。如果说我相信历史是有用的，那么历史之用，仍在于理解。因此，我强调研究的反思性。

在几年后的另一部著作《清代习惯法：社会与国家》中，我把讨论的重点从特定文化类型的法律

> 转移到日常生活中的法律上来。在这里，大传统更多地让位于小传统，法律更多被自下而上地来观察和理解，社会经济的内容也大为增加。关注的问题改变了，研究的方法和使用的材料相应也做了调整，但解释性的立场没有变，在历史研究中运用现代概念、范畴时审慎和反思性的态度没有变。这些都明显地区别于法制史研究的主流范式。

这段话是针对我多年前的法律史研究讲的，但是法律文化的概念并非只在历史研究中有用。我近十几年发表的文章，内容涉及法律多元、法治的制度建构、民间社会等，重点都是在当代，这些研究也都与法律文化有关。有兴趣的读者可以参看《法治十年观察》（上海人民出版社，2009）和《法律何为》（广西师范大学出版社，2013）。

记：您认为中国与其他国家在您的研究领域有什么差距？

梁：这个问题大而含混。你所谓“专业”在“其他国家”也有吗？其含义也相同吗？“其他国家”是哪些国家？他们有无不同？如果有区别，是什么构成“其他国家”这一个类的基础？还有，你的问题已经假定中国和“其他国家”在“专业”上存在“差距”，你的根据和标准是什么？

好，且让我做一些限定，假定你说的“专业”是中国法制史，而近似的学科或研究，除中国大陆之外，在香港、台湾地区，以及欧美及日本等地也有，尽管其含义不尽相同。它们之间有关联，有差异，当然，在限定的含义和范围内，也可以谈论“差距”，但是，这种关系单以所谓“差距”肯定是无法说明的。我曾经就此问题做过初步的分析，有兴趣的读者可以参阅拙文《法律史的视界：方法、旨趣与范式》。此文收录于《法律史的视界》（广西师范大学出版社，2013）。

再比如说法理学，如果比较中国大陆的法理学和比如英美世界的法理学，你可能会发现，后者是“自足的”，而前者是“附庸的”。我所谓“自足”，是说它有自己的问题，和对这些问题成系统的思考，以及围绕这些思考而形成的知识传统，包括这些知识的创造者和传承者，即所谓知识共同体。“附庸”则否。“附庸”者，可以是附庸于外国，以他社会的问题为自己的问题，因而失去对自己社会问题的观照和把握，迷失了自我；也可以是附庸于政治，曲意逢迎，甘为权力奴仆。实际上，在中国法学，这两种情况兼而有之，并且占据了主导地位。

顺便说一句。讨论任何一个“专业”的问题，都不能只看这一“专业”本身。此“专业”既然是在法学之中，就必须置于“法学”的大背景中观察，而谈论法学，又必须对“学术界”有所了解，对现实中的法律和政治有清楚的认识。倘若学术腐败，法学岂能独善？法律没有自主性，法学又如何建立其独立传统？

记：在您的专业中，还有哪些发展空间，或者说还有哪些需要开拓的新的领域？

梁：因为上面提到的原因，这个问题我原本是要放弃的。不过，这次我愿意试一下，范围还限于法制史领域。

关于中国法制史，前面提到的文章：《法律史的视界：方法、旨趣与范式》，对这门学科的发展、源流、特点等做了一个梳理，包括对不同国家和地区相关研究的比较。我不能说这篇文章回答了你提出的问题，只能说它与那些问题有相关性，为思考这些问题提供了一些线索和方向。至于从中可以总结和引申出什么具体的结论，读者可以自己去做。

关于外国法制史也可以讲一点。我1982年入中国人民大学法律系，至1993年离开，前后11年，无论读书还是教书，都在外国法制史专业。那个时候，外国法制史就是我的专业。不过，我进入上面说的“外”专业状态很长时间了，平时对外国法制史也全无关注，对这个专业实在谈不出什么意见。凑巧的是，今年4月份，人大法学院为我的业师林榕年教授从教60周年开了一个纪念会，林老师也是外国法制史学科的奠基人，依他的意思，这个会就成了“新中国外国法制史学科发展60年研讨会”。我参加了这个研讨会兼纪念会，而且遵从师命，谈了一点对外国法制史学科发展的意见。意见涉及外国法制史学科的性质、特点、地位、课程安排、研究范围及方法、与其他学科的关系等问题，不能在这里一一述及。我的基本看法是，外国法制史是一门非常特殊的学科，一方面，它是在1950年代从原来苏联引入的“国家与法权通史”的基础上发展起来的；另一方面，这门学科涉及面极广，因此在语文、资料、方法等方面对研究者提出的要求也相当高。因为前一方面的原因，外国法制史需要有一个学科的自我改造和转型，这个转型，在我看来，还没有最后完成。同时，因为种种原因，要满足上面提到的语文、资料和方法等方面的要求，也还需要一个过程。总之，在看到这门学科60年发展的显著成就的同时，我们也要看到问题，要有危机感。根据会议组织者的安排，这次会议的文章和报告最后要结集出版，我的发言会收录在里面。

记：在各种法学研究方法中，您最欣赏哪一种呢？

梁：这个问题我恐怕无法回答。因为在我看来，方法只有效用上的差别，而效用关乎研究策略，后者又同研究对象和研究意图有关。因此，脱离特定语境，谈论方法的优劣没有意义。

记：您认为法学界的中青年学者现在浮躁吗？

梁：以我有限的接触所见，答案是肯定的，不过他们也许还不是最浮躁的一个群体。事实是，整个法学界都浮躁，高校也浮躁，学术界、媒体、政府甚至全社会都浮躁。在这样一个时代这样一个社会，浮躁是常态，不浮躁反倒显得不正常，甚而不易为人们所理解和容忍。

记：能否请您评价现在学术规范执行状况？

梁：我的评价是两个字：不好。随便给你两个例子，都是我亲历而且与我有关的事情。

某人在他的书里提到我的一篇文章，说不同意我的观点，但接下来几页讲他自己的看法，却大段抄录我的这篇文章，而不注明出处。从那本书上我还知道，此人是中国人民大学的博士后，其合作导师，恰好我认识，十数年前就被尊为学界“泰斗”。

另一个例子更有趣，也与人民大学有关。我编《洪范评论》，曾经收到该校某教授、博导的一篇投稿。一读之下，觉得文章结尾部分“似曾相识”，一查，果然是抄了我一篇文章的结尾段落。那篇文章还有其他问题，我猜是出于第二作者之手，而他（她）应该是该博导的学生。这一点也得到证实。移用他人文章而不注明出处，这问题就不必说了；导师和学生的这种合作也很成问题。

对于这两件事，我都没有去追究。我对于小人的态度，总是避而远之。当然，这并不是说是非问题可以不讲。作为普遍的社会现象，抄袭以及学术腐败种种，无疑是非常有害的。我曾经写过两篇小文章，一篇题目是：《抄袭的根源》，谈论抄袭的制度根源；另一篇的题目是：《何谓学术腐败?》，旨在厘清这个问题上的若干似是而非之论。（二文均载拙著《法治十年观察》）在我看来，许多讲抄袭的，只涉个人道德品质，对造成这种现象的制度却视而不见、避而不谈；而一些慷慨激昂声讨学术腐败的，甚至连什么是学术腐败都没有说清楚。出现这种情况多半是因为认识不及，但也有人只是借此为自己造势而已。

记：那么您认为一种良好的学术环境，应该是怎么样的一种状态？

梁：这是个严肃的问题。现今教育、学术领域的腐败，实在是不输于官场。说得干脆一点，大学是名利场，学界就是江湖。集体造假，制度性地作伪，假学术之名，竞相扩张，翻新机构、巧立项目，最大限度地争抢资源，这些事情每天都在发生。在这样的体制和氛围之下，个人丑行自然层出不穷，真正有志于学术者，尤其是年轻一代，就常常要在生存和操守之间做选择了。要改变这种状况，必须先做体制上的改造，同时求人心的端正，这可不是教育界、学术界独自可以完成，也不是短时期内可以奏效。在我看来，今天所谓良好的学术环境，至少应该成就以下条件：

1. 学术的归学术。学术不应是政治的工具，不是意识形态，也不应成为交易物。学术自主性有制度保障。

2. 学术为天下公器，既不能为任何组织、机构所垄断，也不是满足任何个人或群体私利的手段。

3. 学术和教育机构去行政化，自我管理，确保学者能够独立思考，自由交流，并有能力维护学术尊严。

4. 每一所学校、每一间研究机构都是一个共同体，都有属于自己的历史、传统。学术共同体自尊、自律，学者有荣誉感。教学相长，师生相敬。

记：您可以简要地评价一下中国目前的法学研究状

况吗？

梁：“法学研究状况”涉及范围甚广，从何说起呢？其实，前面问及的问题很多都是关于“法学研究状况”的，下面再补充几句。

我这些年编《洪范评论》，接触了一些不同学科的学生。我发现，法学院学生写的文章，有些套路，往往下笔千言，还没有触及问题核心。学经济学的就不同，他们看上去更训练有素，文章平实，较少废话，能把问题说清楚。当然，这只是我的个人经验，有偶然性，不过，如果要比较法学和经济学，我不能不说，它们虽然都是当下的显学，但无论在理论思考、经验研究方面，还是专业学术训练方面，法学都明显地不及经济学。

如果只看法学自身，这个领域吸纳的资源，同它的产出及其质量相比，也很不相称。尽管经过三十多年的积累，法学研究的状况有所改善，但存在的问题依然很多。总体来说，法学没有一套关于中国问题的独特而系统的思考，也没有形成自己的知识传统。而且，作为一门实践性很强的学科，法学明显地落后于社会实践的发展，不足以承担解释现实和指导实践的重任。当然，这种状况的造成，原因很多，也很复杂，有些因素是法学从业者无法控制的。要改变这种状况，恐怕不是一代人的事情。而且，单靠法学从业者也不行。

记：您能为我们法科学子推荐一些优秀的阅读书目吗？

梁：这个要求看似简单，其实不容易满足。人们知识背景不同，程度不同，需求不同，读书的兴趣不同，目的不同，适合他（她）们的“优秀”书目也不同。所以，我想，与其开列一份挂一漏万的书目，不如列几条原则供同学们参考吧。

在中国，“法学”是一个“专业”，法学之内，又分许多“专业”，而且这些专业，都有自我强化、自我封闭的趋势。同学们高中就要分班，一入大学，更要选择专业，且有一选定终身之势。这种训练，容易把人变成工匠，而且是眼界偏狭、不堪委以重任的小匠。这既背离了教育的宗旨，也不利于个人发展。要防止这种情形，就不能只读“专业”之书，而把眼光和思虑局限在一个或数个小专业之内。因此，原则一就是：除了读专业之书，也要读与专业有关之书，还要读非关专业之书。其实，不但“专业”之间的界限是人为的，“有关”“无关”也都是相对的。习法学者，应当有人文学科的修养，也要有社会科学的知识。

书有不同写法，不同类型。比如有原创性的论著，也有二手的研究；有些是经典，而经典的含义也不尽相同。一个专业有一个专业的经典，一个时代也有一个时代的经典，当然，有些经典历数百年甚至上千年而不衰，其数量就更加有限了。读什么样的书，如何读，应视需要而定，但是经典总是可以优先考虑的。这也算是一个原则。

今日可读之书，译著不在少数。然而译著质量参差不齐，粗制滥造者也不在少数。因此，有条件的读者，可以参阅原著，若有能力，最好多直接阅读原著。这是原则之三。

言及译著，还可补充一句：读外国人的书，也不应偏废中国人写的书；读现代人的书，也要读古人的书。一个时代有一个时代的问题，一个社会有一个社会的问题。知识来源越多，视角越是多样，心智发展就越是丰富和平衡。我这样说，并不是要提倡一种机械的阅读平衡。不同社会在不同阶段，思想所能达到的深广程度大不相同。读书人当根据自己的问题和需要，善加取舍。

记：最后，能否请您给我们年轻学子提几点希望？

梁：今天的社会很功利，凡事只看有用无用、回报高低，以成败论英雄。这种训练，从幼儿园就已经开始，伴随我们一生。希望年轻人意识到这一点，保有一点幻想，有时也不妨以无用为有用。

今天的孩子都很早熟，不一定是因为阅尽艰辛，而是因为过早了解了成人世界的种种情态。希望你们不要因此变得玩世不恭，无所不为。

今天的生活好像越来越艰难，人们似乎也有更多理由抱怨他人，抱怨社会。但我仍希望你们立足于己，先问自己有什么，能做什么。那时你们也许会发现，社会未必如想象中的那样不公。

修习法律之人，喜言正义，侈谈救世。这固然好，但也容易流于空疏。古云修身、齐家、治国，治国先治己身。希望今之救世者先救己。怎样算是救己？人格独立，经济自立，予取有道，有所为有所不为。如果人人皆能独立，则中国有希望了。